ための

税金
入門

An Introduction to Tax
for High School Students

小塚真啓 編著

三省堂

　ここは＊＊県＋＋市##町、今日も気持ちのよい朝です。そんななか、学校へ行こうと家を出た一人の高校生Aさんが、足を止めて嘆いていました。

「これは、ひどい…」

　Aさんの家のすぐ脇がゴミ置き場になっているのですが、今朝はゴミ袋が破れ、そこら中に生ゴミやらビニール袋やらが散乱しているのです。Aさんが呆然としていると、通りがかった近所の人たちがのぞきに来ました。

「うわぁ、これは、なんとかした方がいいなぁ。」

「カラスよけのネットだけじゃだめだったってことだね。もっとしっかりした箱型のゴミステーションが必要だな。」

　そこで、次の自治会の集会ではゴミ問題が取り上げられました。

「ゴミ置き場にゴミが散乱してる問題について、お金をかけて、しっかりした造りのゴミステーションにすべきだと思います！」

「でも、自治会の予算は今ギリギリで…。ちょっと、すぐには対応できないなぁ…。」

「そんな…。いつもゴミが散らかっていて後片付けが大変なんです。早く何か対策したいんですが…。」

　自治会で話し合った結果、ゴミをいつまでも放置しておくわけにはいかないので、自治会のメンバーから追加でお金を集めて、ゴミステーションを購入することになりました。

> 「自治会のメンバー全員で均等に負担すると、1軒1万円く
> らいになるね。」
> 「え、1万円?!　今月はちょっと厳しいんだけれど…。」
> 「Bさんにちょっと多めに出してもらえないかな？　この前、
> 宝くじが大当たりしたって聞いたよ。」
> 「CさんとかDさんとか、家族の人数が多くてゴミもたくさ
> ん出している人らには、お金を多めに出してもらおうよ！」
> 「ゴミ置き場のお隣のAさんも、頼んだら、多めに出して
> くれるかもよ？」

　いろいろな意見が出ているようですね。誰がどれくらいの負
担をすれば、メンバーの理解が得られるか、皆さんも考えてみ
てください。

　いつもゴミ置き場でゴミが散乱するようだと、後片付けも大
変です。そのゴミ置き場を利用する近所の人全員が困ります。
しっかりとした造りのゴミステーションができれば、自治会の
メンバー全員が利益を受けるのだから、全員で均等に負担する
のがよいのでしょうか。お金に余裕のある人とそうでない人が
いますが、余裕の有無は考慮しなくてもよいのでしょうか。ゴ
ミが散乱しなくなることで受ける利益は、ゴミ置き場近くの家
の人が多く受けるでしょうから、より多く負担する方がよいの
でしょうか。なかなか悩ましい問題です。

　この本で扱う税金は、国に属する国民が負担し、国民のため
に財産を購入したりサービスに提供したりするために用いられ
ています。冒頭の自治会の規模が大きくなったようなものだと

考えると、想像がつきやすいのではないでしょうか。規模は大きくなるものの、誰がどのくらいの税金の負担をすべきなのかという点では、考えることは冒頭の自治会の問題とそれほど変わりません。

　皆さんも既に税金を負担しています。税金を負担する国民の一人として、これまで誰が税金を負担しており、これから誰が負担するのがよいのか、ぜひ考えてみてほしいと思います。

1 ｜ 高校生、コンビニで税金と出会う

> 　Aさんは小腹が空いたので、近所のコンビニで100円のおにぎりを買いました。Bさんは筆箱を落としてしまったので、近所のコンビニで100円のボールペンを買いました。Aさんも、Bさんも、実際に購入するために支払ったのは100円ではなく、Aさんは108円、Bさんは110円です。その際、Aさん・Bさんは、それぞれ次のようなレシートを受け取りました。

　Aさん・Bさんが100円とは別に支払う8円・10円が「消費税」という名前で呼ばれる「税金」であることは、皆さんもよく知っていることでしょう。次のレシートの図でも、これらの金額の項目には「消費税」という言葉が書かれています。

　同じ100円の買い物をしているのに、Aさんの消費税とBさんの消費税が異なるのはなぜなのか、聞いたことがあるでしょう。しかし、この違いは一体どのような税金のルールに基づくものであるのか、さらには、そのようなルールが存在するのは

図1

○△□コンビニエンス
すすきが原店
東京都練馬区月見台すすきが原
2020年09月03日19:00

領収書

手巻おにぎり辛子明太子　　*100

小計（税抜　8%）　　　　　¥100
　消費税　　　　　　　　　　¥8
合計　　　　　　　　　　　¥108

図2

○△□コンビニエンス
すすきが原店
東京都練馬区月見台すすきが原
2020年09月03日20:00

領収書

ボールペンA　　　　　　　*100

小計（税抜　10%）　　　　¥100
　消費税　　　　　　　　　¥10
合計　　　　　　　　　　　¥110

そもそもなぜなのか、分かるでしょうか。(→第4章12)

2 | 高校生、いつの間にか税金を負担する

　消費税なら聞いたことあるぞと思うかもしれませんが、皆さんに関係する税金は消費税だけではありません。他の税の例も見てみましょう。

　アルバイトをしたことはありますか？　アルバイトをすると、お給料がもらえますし、多くの場合、お給料とともに何時間働いたかといったことがらが記載された給料明細も一緒にもらえるはずです。たとえば、次のような給与明細をもらったとしましょう。

　今月は先月よりもたくさん働いたからアルバイトのお給料が9000円くらい増えた！　というように、給与明細のもらえた額の部分だけ見ている人も多いのではないでしょうか。せっか

くですから、その給与明細をよく見てみましょう。

　時給、出勤時間と項目を上からたどっていくと、「所得税」と書かれた項目がありますね。あれ、所得税なんて払った覚えはないんだけど、と不思議に感じるかもしれません。実は、ア

図3

給料明細（アルバイト）			
2020年 9月分			
A田 ***　殿			

出勤日数	自 9 月 1 日 至 9 月 30 日	8	日
時給	@1,020-		
出勤時間	32 時 0		分

	基本給	32640	円
支給額	残業手当	0	円
	深夜残業	0	円
	休日出勤	0	円
	通勤交通費	0	円
	合計	32640	円

	健康保険	0	円
	厚生年金	0	円
	雇用保険	0	円
控除額	介護保険	0	円
	所得税	1000	円
	住民税	0	円
	合計	1000	円

総支給額	32640	円
控除支給額	1000	円
差引支給額	31640	円

（会社名）○△□コンビニエンスストア

検印

図4

給料明細（アルバイト）			
2020年 10月分			
A田 ***　殿			

出勤日数	自 10 月 1 日 至 10 月 31 日	10	日
時給	@1,020-		
出勤時間	41 時 0		分

	基本給	41820	円
支給額	残業手当	0	円
	深夜残業	0	円
	休日出勤	0	円
	通勤交通費	0	円
	合計	41820	円

	健康保険	0	円
	厚生年金	0	円
	雇用保険	0	円
控除額	介護保険	0	円
	所得税	1281	円
	住民税	0	円
	合計	1281	円

総支給額	41820	円
控除支給額	1281	円
差引支給額	40539	円

（会社名）○△□コンビニエンスストア

検印

ルバイトをしてお給料をもらうと同時に、「所得税」を負担しているのです。

　さらに、給与明細の下の部分には、「総支給額」「控除支給額」「差引支給額」と支給額がたくさん記載されています。全て金額が違いますが、これらの項目を比べてみてください。「総支給額」−「控除支給額」＝「差引支給額」という計算がされているのが、分かるのではないでしょうか。一番下の「差引支給額」が、Ａさんが実際に受け取った金額です。

　時給×働いた時間で計算される金額よりも、実際に受け取ることのできる金額は少なくなっています。このような差があるため、「手取り」給与と「額面」給与という用語が、その区別のために用いられています。皆さんも、どこかで聞いたことがあるのではないでしょうか。

　実際にアルバイト先から手元に支払われた額が「手取り」（給与明細の差引支給額）、負担している所得税なども含めた額が「額面」（給与明細の総支給額）です。このような「手取り」と「額面」の違いがあるのは、一体どのような税金のルールに基づくものであるのか、さらには、そのようなルールが存在するのはそもそもなぜなのか、分かるでしょうか。（→第2章4）

　この本は、そのような税金に関する様々な「なぜ」を、様々な角度から、なるべく分かりやすく説明しようとするものです。この本をきっかけに、税金に興味を持ってもらえることを願っています。

目次

デザイン　松田行正＋倉橋弘

第1章

総論

1 | 税は文明の対価である

 高校生

税金を払わなきゃいけないのは、しょうがないのかもしれないけど、やっぱり嫌だなぁ…。

 レクチャー

1 | 税金は理不尽なもの?

　日本では、100円のチョコレートを100円では買うことはできず、消費税分も支払わなければいけません。また、時給1,000円の約束で働いたのに、1,000円丸々ではなく、所得税などを差し引いた金額しか受け取れないこともあります。

　このように、取引の際に税金を支払うことについて、なんだか納得できないなぁ、と感じたことのある人は多いのではないでしょうか。買い物の際に代金に併せて消費税を支払っても、余分に何かを受け取れるわけではありませんし、給料から所得税などが差し引かれるのも、何かを買ったり、頼んだりしたからではありません。それなのに強制的にお金を持っていかれるのはおかしい。このような意見はそれなりに筋が通ったもののように思えるかもしれません。

2 | 文明の対価としての税金

　しかし、税金は国や地方自治体などの政府が公園のような公共のモノやサービスを提供するコストを賄うための重要な手段でもあります。そのようなモノやサービスの例としては、警察や消防、公園や道路の整備などが挙げられますが、これらが私たちの安全で快適な生活に不可欠なものであることはいうまでもありません。私たちが支払った税金を使って公共のモノやサービスが提供され、そして社会が成り立っている、そう考えれば、私たちは税金を支払うことで利益を受けているということができます。アメリカの連邦最高裁判所で長く裁判官を務めたオリバー・ホームズJr.の言葉に「税は文明の対価である」というものがありますが、本質を捉えた表現であるといえるでしょう。日本国憲法において、「国民は、法律の定めるところにより、納税の義務を負ふ」と定められているのは、このような税金の特徴を考えれば、むしろ当然のことであるのです。

　このような税金の理解に対しても、別に公共のモノやサービスを税金で賄って提供しなくてもいいじゃないか、欲しい人だけが自分のお金で買うようにすればいいではないか、という疑問が生じるかもしれません。けれども、税金を使って提供されている公共のモノやサービスには、お金を払っていない人に払った人と同じように利益が及ぶという特徴を持つものが多く、それらをモノやサービスとお金との交換という市場の仕組みで十分に提供することは困難です。たとえば、犯罪の発生を防いだり、犯人を逮捕したり、といった警察サービスについて考えてみましょう。このサービスは地域を安全にするものなので、代金を支払った人たちのために提供したとしても、それ以外の同

じ地域に住む人たちにも利益が及びます。ですから、欲しい人だけがそのサービスを買えばいい、ということにしてしまうと、ほかの誰かが契約をして対価を支払ってくれるだろうと期待して契約をしない「フリーライド」が横行してしまい、とても提供し続けることはできないでしょう。

　また、警察サービスは地域を安全にすることで全員に安心をもたらします。このような多くの人が同時に同じ利益を享受できるという特徴は、道路や公園を一度整備すれば多くの人が利用できるというように、ほかの公共のモノやサービスでも認められることが多いものです。みんなの利益になるものであるから、そのコストは全員が共同して支払うべきであるということができ、それらを税金として社会の構成員全員から集めて賄うというやり方には合理性があるということができるのです。

3 | 民主主義と税金

　しかし税金をどのような形で集めるのがいいのか、さらには、全体でどれくらいの金額を集めるのがいいのか、ということがこれだけで分かるようになるわけではありません。たとえば、事業主が給与を支払う際に税金を天引きするようにすれば（第2章4）、小さなコストで税金を集めることができる一方で、収入は多いが費用も多いという人たちの税金が相対的に重くなるという不公平が生じてしまいます。他方で、国民全員がその年の収入と費用を全て税務署に報告するようにすれば（第2章5）、税金の額は公平なものとなる一方で、非常に大きなコストが国民と国の双方に生じることになります。こういった、一方を選ぶならもう一方は諦めることになる、トレードオフと呼ばれる

関係は税金の集め方以外にも様々な局面で顔を出すため、私たちはその都度、決断を迫られることになります。また、政府がどのような活動をするべきかということは次に説明するように、自明ではないため、どれだけの税金を全体で集めるのかも問題となるのです。

　税金を原資に政府が行う活動は、実際には、警察や消防のような全員が利益を享受するモノやサービスを提供することにとどまりません。かつての日本では、国が鉄道や電話網、郵便を運営していましたし、現在でも公営住宅などは政府によって提供され続けています。また、生活保護などの社会保障政策によって、富める者から貧しい者への富の再分配も実施されています。しかし、こういった様々な活動の中には、税金を使うべきではない、あるいは、そもそも行うべきではないものがあるのかもしれません。事実、かつては国が提供していた鉄道や電話網、郵便は、時代の変化に伴って、民間での運営ということになったわけです。

　そこで、私たちが支払わなければいけない税金が法律で決まっていることが重要となります。法律は選挙を通じて選出された私たちの代表によって組織される国会でつくられるものですから、私たちは、共同の費用としての税金を、代表者を通じて決定し、負担しているのだといえるのです。

　そして、私たちが決定したものであるからこそ、私たちには、現在の税金が合理的なものかを検証し、場合によっては代表者を通じてそれを正していく責任があるともいえるのではないでしょうか。もちろん、そのためには税金について知見を深めることが不可欠です。この本を通じて、皆さんがそのための一歩を踏み出してくれることを願ってやみません。

コラム1 日本の税金と税収

　日本の税金は、国が課すのか、それとも都道府県や市町村といった地方公共団体が課すのかという観点から、「国税」と、「地方税」の二つに分類されます。また、その税金が対象としている経済活動の種類に応じて、給与などの所得を得ることを対象としている「所得課税」、モノやサービスの消費を対象としている「消費課税」、モノの保有や移転などを対象としている「資産課税等」の三つに区分されます。次の表はこれら二つの基準を用いて日本の税金を整理したものです。

	国税	地方税
所得課税	所得税	住民税
	法人税	事業税
	地方法人税	
	地方法人特別税	
	特別法人事業税	
	森林環境税	
	復興特別所得税	
消費課税	消費税	地方消費税
	酒税	地方たばこ税
	たばこ税	ゴルフ場利用税
	たばこ特別税	軽油引取税
	揮発油税	自動車税
	地方揮発油税	軽自動車税
	石油ガス税	鉱区税
	航空燃料税	狩猟税
	石油石炭税	鉱産税
	電源開発促進税	入湯税
	自動車重量税	
	国際観光旅客税	
	関税	
	とん税	
	特別とん税	

	国税	地方税
資産課税等	相続税・贈与税	不動産取得税
	登録免許税	固定資産税
	印紙税	特別土地保有税
		法定外普通税
		事業所税
		都市計画税
		水利地益税
		共同施設税
		宅地開発税
		国民健康保険税
		法定外目的税

　これらの税金によって近年では100兆円を超えるお金が毎年度集められていますが、2019年度予算における所得課税、消費課税、資産課税等それぞれの内訳を国税・地方税別で見ると、次のグラフのようになっています。

※財務省『平成31年度　租税及び印紙収入予算の説明』および総務省『平成31年度　地方税に関する参考計数資料』に基づき作成。

2 | 税金は嫌いでも税法は嫌いに ならないでください

 高校生

税法の本はなんでこんなに分厚いんだろう。そういえば昔の映画に税法の本を燃やして暖をとるシーンがあったっけ…。

 レクチャー

1 | 税法は無駄だらけ?

　税法の一つである所得税法は「所得税」について定めている法律で、2019年7月1日の時点では、第1条から第243条までの299個の条文から構成されています。これに対し、日本国憲法は第1条から第103条までの103個の条文から成り立っており、条文の数だけで比べても所得税法は憲法の約3倍です。さらに、憲法の条文の大半は、「国民は、法律の定めるところにより、納税の義務を負ふ」と定める第30条のような、短い一文のみから構成されているのに対し、所得税法の条文には、カッコに括られた別の文を途中に含む、長く複雑な文が複数繋がって構成されているものも珍しくありません。

　このように、長く、複雑な条文の多い所得税法ですが、もちろん、所得税法の条文にも短い一文から構成されているものもあります。たとえば、第5条の先頭の一文である第1項は「居

住者は、この法律により、所得税を納める義務がある」という
内容となっており、また、これに対応する形で第7条第1項では、
居住者は原則として全ての所得について所得税が課されること
が定められています。このような短くスッキリした条文だけに
することはできないのでしょうか。

2 │ 所得税にとって大切なこと

　そこで、思考実験として「国民は、全ての所得について、所
得税を納める義務がある」とだけ法律で規定されている場合に
はどのようなことになるのかを考えてみることにしましょう。
この法律から明らかであるのは、「国民」に該当する人が「所
得」を獲得した場合には、「所得税」という税金を国に対して
支払わなければいけない、ということです。しかし、その人は
一体いくらの所得税を支払うのでしょうか。自分自身で適切だ
と思う金額を支払えばよいのでしょうか。

　国民の一人ひとりが適切と考える金額を支払うことで所得税
を納める義務を果たす、というアイデアは一見すると魅力的です。
しかし、第1章1で学んだ「フリーライド」の問題があります
ので、支払う金額を本人が決めるという方法では、恐らく十分
な税収は得られないでしょう。それではその金額の決定は誰が
どうやってするのか、という話になりますが、その場合、国税
庁などの行政機関の公務員が公を代表して適切に行うべきとい
うことになるでしょう。しかしながら、仮に公務員が常にその
職務を誠実に行って所得税の金額を適切に決めてくれると信頼
できるとしても、決定の際に用いられる基準が事前に示されて
いない限り、私たちは安心して日々の生活を送ることができな

いように思われます。なぜなら、どのような基準で支払う金額が決まるのかを知らなければ、所得税として支払うことになる金額を予測することができず、自分が望む生活を達成するためにどれくらい働く必要があるのかが分からなかったり、獲得した所得のうちどれくらいを貯金や投資、買い物や旅行などの消費に用いてよいのか分からなかったりすることになってしまうからです。

このような不都合をなくすために事前に示されている必要がある要素として、最も分かりやすいのは税率でしょう。消費税を含まない税抜価格だけが表示されている場合であっても、特に困ることなく買い物ができるのは、原則として10%の税率を税抜価格に乗じることがあらかじめ決まっていて、そのことを私たちが知っているからにほかなりません。同じように、所得の金額から所得税の金額がどのように算出されるのかがあらかじめ決まっていなければ、国民の生活に多大な支障が生じてしまうでしょう。

また、所得税の金額が事前に確定しているためには、税率を乗じる所得の金額をどのように算定するのかもあらかじめ決まっている必要があります。実のところ、第2章7で学ぶように、所得とは一体何であるのか、どういったものが所得に含まれるのか、といった、ごく基本的なことについても根深い見解の対立が存在しています。そのため、何の基準もなければ誰が算出するかによって所得の金額が大きく変わる事態が起こることは想像に難くありません。

たとえば、交通事故の被害者が加害者から受け取る賠償金は含まれるのでしょうか？ アルバイト先の人気ラーメン店で賄いとして無料で食べられるチャーシュー麺の代金のようなも

のも含まれるのでしょうか？　また、逆に、高額な医療費を負担しなければならなかったり、詐欺などの犯罪被害に遭ったり、台風などの災害で自宅が損壊してしまったりした場合はその分だけ所得の金額が減少するのでしょうか？　私たちが所得税を適切に負担するためには、このような問題に対して一定の答えを出すことのできる基準の存在が不可欠であるのです。

3 | 税金の不可欠の要素である課税要件は法律で決める！ ——租税法律主義

　税率やそれを乗じる所得の金額のような、税金の額を決定する基準は「課税要件」と呼ばれます。また、課税要件の内容には、税金の額を決する要素だけでなく、どのような人に対し、どのような条件で税金を課すのか、という要素も含まれます。そのような基準が重要であるのは、人の属性に応じて税金を課す条件がそれぞれ定められていなければならないことが多いためです。たとえば、所得税では、第6章で学ぶように、日本に住む居住者は日本国外で行う商売や投資などから所得を獲得する場合でも所得税を支払わなければならないのに対し、外国に住んでいて日本国内には一時的に滞在しているだけの非居住者は、日本国内で行う商売や投資などから所得を獲得する場合にしか所得税を支払わなくてすむものとされています。このような、人の属性に応じた区別は、税金を課す根拠が十分にある場合にのみ税金を課す仕組みをつくる上で不可欠のものといえるでしょう。

　このように、税金に不可欠の要素である課税要件には事前に決めておくべき項目が多岐にわたって存在するため、税法が長

く、複雑なものとなるのは、ある程度は仕方がないといえます。何もいちいち法律で定めずとも、行政機関が基準を事前に決定して公表する仕組みにすれば十分ではないか、という疑問がわくかもしれませんが、憲法の第84条では「あらたに租税を課し、又は現行の租税を変更するには、法律又は法律の定める条件によることを必要とする」と定められており、課税要件に関する基準を法律で定めずに税金を課すことは、憲法上認められないのです。これを「租税法律主義」といいます。

　租税法律主義は、歴史的には「代表なければ課税なし」という、君主の恣意的な課税権の行使への制約に由来します。もちろん、現代の日本では、政府も民主的なコントロールに服するので、行政機関が国民の同意をまったく得ずに課税要件を決定し、それを維持することはできないだろうとは考えられます。しかし、課税要件は複雑なものになりがちであるため、民主的なコントロールは事後だけでなく事前でも、不可欠であるといえます。選挙で選ばれた国民の代表によって組織される国会の議決を通じてのみ成立する法律でなければ課税要件を決められないという租税法律主義は、国会の審議という事前のコントロールを必須のものとすることで、私たちが支払うべき税金を、より確実に予測できるようにしていると考えられるのです。

　最初に述べたように、所得税法をはじめとする税法の多くは、改正が繰り返し繰り返し行われてきた結果、過剰に複雑なものとなってしまっているところがあります。この複雑さは、課税要件がきちんと法律で定められてきたというあかしでもあります。税法の複雑さは、税金の予測可能性を確保する上で生じた副産物なのだという点を踏まえると、この複雑さはある意味で愛すべきものであると思えてくるのではないでしょうか。

コラム2 条文の数が見た目より多いのはなぜ?

この章を読まれた皆さんの中には所得税法の条文の数と末尾の条文の番号が一致していないことを不思議に思った人もいるのではないでしょうか。このズレは、ある番号の条文と次の番号の条文との間に枝条文というものが存在することから生じています。所得税法では、第6条の次は第7条ではなく、その間に第6条の2が挟まっており、それ以外にも数多くの枝条文が存在しているのです。どうしてそんな、一見ややこしいことになっているのでしょう。

実は、枝条文は、新しい条文を追加するような法律の改正を行っても、無関係な条文の番号が動かないようにするために発明された優れたテクニックなのです。ですから、所得税法内に多くの枝条文が存在することは、何度も繰り返し改正が行われてきたということを如実に示しているのです。

3 | 改正されるなんて、聞いてないよぉー!

 高校生

消費税の税率を上げるのに、あれだけ大騒ぎするなんて、税金を変えるのってそんなに大変なのかなぁ？

 レクチャー

1 | 税制の改正は毎年ある!?

　誰がどれだけの税を払わなければならないかということは、多くの人が関心を持つことがらでしょう。特に税率のように分かりやすく影響の大きい改正は、報道でも多く取り上げられ、国民の間で広く議論されることもあります。

　そんな税制の改正は、実は毎年行われています。税制改正は、例年、以下のような流れで行われます。

10月頃～	翌年の税制改正に関する議論が報道されはじめる
12月中頃	税制改正の大綱が公表される
翌年1月	税制改正に関連する法案が提出される
3月末頃	法律を成立させる
4月1日	法律が施行される

　12月中頃に公表される税制改正の大綱とは、翌年の日本の

税制のあり方をまとめた方針のことです。翌年の税制改正について の検討は、政府と与党が秋口から議論を始め、そこで議論 されている内容には報道されるものもあるため、議論の動向の 一部をうかがい知ることができます。

　税制改正の大綱の内容は、そのまま翌年1月の通常国会に提 出される税制改正に関連する法案に反映され、国会審議を経て 若干の修正はあるものの、多くの場合、ほぼそのまま法律とし て成立し、施行されます。国の集める税金は、4月から始まる 年度開始時には定まっている必要があるため、例年3月末まで には法案が成立し、4月1日から施行されるというスケジュー ルとなっています。

　現状のような流れで税制を改正する法律がつくられているの は、第1章2でも述べたように、「租税法律主義」があるためで す。国民に開かれた国会が成立させた法律により税の内容を決 めることで、国民が支払うべき税金を予測できるようにしてい るのです。

2 ｜ 租税法律不遡及の原則

　毎年の税制改正について解説する『改正税法のすべて』（大蔵 財務協会）という雑誌は、その厚さが薄い時でも2.5cm程度、厚 い時には4cm近く（A4サイズで1150ページ）にもなります。そ れだけ多くの改正が毎年行われているということでもあります。 毎年これだけの改正が行われていれば、その内容を追い続ける のは大変です。税金の専門家である税理士でも大変なのですか ら、ましてや税金に関係する勉強や仕事をしていない人々にとっ ては、改正内容を追い続けるのは難しく、税制がいつの間にか

変わっていたと感じられることも少なくないでしょう。

　ところが、税制が改正されることを知らずに取引を行ったために不利益を受ける人がいるとしたら、どうでしょうか。

　この問題があらわになったのは、所得税の制度が改正された際のことでした。どういうことが起こったのか見ていきましょう。

　所得税は、1月1日から12月31日までの1年間に行った取引から得た所得に対して課される税金です。所得税の税額の計算は、その年が終わってから行いますので、ある1年間（たとえば2020年）にかかる所得税を計算する上では、2020年4月1日に成立した法律に基づいて、次の年（2021年）になってから、計算して税額を出せばよいことになります。このように説明すれば、何の問題もないように思えるかもしれません。

　しかし、よく考えてみましょう。改正の対象となる取引は、2020年1月1日から12月31日までの1年間に行われた取引全てです。そうすると、法律が成立する前の1月から3月に行われた取引についても、2020年4月1日に成立した法律に基づいて計算されることになります。このような状態では、支払うべき税金を国民が予測できるようになっているといえるか疑問が残ります。特に、改正される前の税制にのっとって予測された所得税の額を前提に取引を行った者にとっては、予想を裏切られたと感じてもおかしくはありません。税制改正による変更のため、同じ取引を行ったとしても大幅に税額が増えてしまうということが分かっていれば、取引の内容を変更したり、もしくは取引をやめてしまうという選択もできたかもしれないのです。

　これでは、「租税法律主義」に、その中でも「租税法律不遡及の原則」に反しているのではないかと問題になりました。「租税法律不遡及の原則」とは、法律が広く一般国民に知らせる前

に遡って（遡及して）法律を適用することは許されないとする原則をいいます。法律の内容が知られる前の行動にまで遡って法律が適用されるとすると、国民の予測可能性を損なうことから存在する原則です。

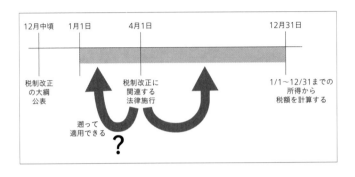

3 ｜ さあ、税制改正の大綱を確認せよ!?

裁判所は、4月1日に成立した法律に基づいて、法律が成立する以前の1月から3月の取引について所得税の計算を行うことについて、「租税法律主義」の趣旨に反しないとしました。その理由として、税制改正を行ってから時間的猶予があると駆け込みでの取引が多数行われるおそれがあり、そのような事態を防止するという目的があったことが挙げられています。さらに、12月に税制改正の大綱が公表されており、ここで問題となっている所得税の改正についてもさかんに報道がされ、資産運用コンサルタント、不動産会社、税理士事務所などによって、12月中に取引を行うように情報提供がされていることにも触れられています。

たしかに、税制改正の大綱の内容は、通常、そのまま翌年の税制改正として法律が成立しますから、税制改正の大綱が公表されれば、翌年の税制のおおよその中身は予想できます。もし翌年の税制改正によって不利益を受けるのが嫌だという人がいれば、12月中に取引を終えてしまえば不利益を被ることはありません。

　しかし、税制がどう改正されるかという情報を素早く確認し続けるのは税の専門家である税理士でも大変なのに、皆さんも、新しい情報が公表されるたびに、こまめに報道をチェックしなければ不利益を受けても仕方ないのでしょうか。12月になって、もうすぐ税制改正の大綱が公表されるから確認しておこうと考える人が一体どれほどいるでしょうか。12月に多少の情報提供があったというだけでは、多くの国民にとって、税制改正によって不利益があることを予測して十分な対応することが可能だったといえるかは疑問です。

　これからの税金がどうなっていくのかを知り、税制の変更によって不利益を受けないようにするためには、自ら積極的に情報を収集していかなければならないようです。なかなか厳しいですね。

第 **2** 章

所得税

4 | 会社員は申告しない悪い人?

 高校生

会社員になってから今まで税金の申告を一度もしたことがないって両親がいっていたけど、もしかして税金を免れている?

 レクチャー

1 | 所得税の計算方法

　「所得税」は、個人が1年間に獲得した「所得」に対して課される税金です。「所得税法」は、納めるべき所得税の額を、おおよそ次のような計算順序で算出することを求めています。

　まず、獲得された各収入を、それがどのような事実や行為から獲得されたかによって、10種類の所得区分（利子所得、配当所得、不動産所得、事業所得、給与所得、退職所得、山林所得、譲渡所得、一時所得又は雑所得）のいずれかに分類します。どの所得に分類されるかによって所得の金額を求める公式が異なるので、その公式に従い、所得区分ごとに所得の金額を計算します。

　次に、各所得の金額の合計額から「所得控除」（→コラム3）と呼ばれる一定額の控除（マイナス）を行い、この残額に「超過累進税率」を掛け合わせることで、納めるべき所得税の額が導かれます。

> **コラム3** 所得控除の種類と内容

　所得控除は、税金を負担する能力（これを一般に「担税力」といいます）を低下させる納税者の個人的事情（家族の事情や余儀なくされた出費など）を考慮するためになされます。代表的な所得控除には、以下のようなものがあります。

所得控除の種類	控除が受けられる場合	控除額
基礎控除	全ての者	最高48万円
扶養控除	扶養する16歳以上の親族の合計所得金額が48万円以下の場合	38〜63万円
配偶者控除	配偶者の合計所得金額が48万円以下の場合	38〜48万円
配偶者特別控除	配偶者の合計所得金額が48万円を超え133万円以下の場合	最高38万円
勤労学生控除	合計所得金額が75万円以下の学生である場合	27万円
障害者控除	本人・配偶者・扶養親族が障害者である場合	27万円〜75万円
医療費控除	特定の医療費を一定額以上負担した場合	10万円を超える部分
社会保険料控除	健康保険料や厚生年金保険料などを支払った場合	支払額の全額
生命保険料控除	生命保険料や介護医療保険料などを支払った場合	最高12万円
寄附金控除	国などに対する寄附やふるさと納税をした場合	寄附額−2千円

※2020年1月1日現在

2 ｜ 給与に対する課税

　会社員の給与やアルバイト代は、前ページの10種類の所得区分のうち、「給与所得」に分類されます。給与所得の金額は、年間の収入額から法律に定められた一定額（これを「給与所得控除額」といいます）を控除することによって計算します。給与所

得者であれば、どんな人でも給与所得控除額の最低額55万円と所得控除の中の基礎控除48万円を控除できるので、その合計額である年間103万円を超えて給与を稼がない限り、所得税はかかりません。これが一般に「103万円の壁」といわれているものです。学生の場合は、所得控除の中の勤労学生控除の27万円も追加で控除できるので、130万円まではアルバイト代に所得税はかかりません。

コラム4 アルバイト代が年間103万円を超えると親から怒られる?

　高校生のあなたがアルバイトで年間104万円稼いだとしましょう。年間の収入額が130万円以下なので、あなたには所得税はかかりません。しかし、あなたの合計所得金額（＝所得控除前の金額）が49万円（＝年間収入104万円－給与所得控除額の最低額55万円）となるので、親の所得税の計算において「扶養控除」が適用できなくなります（→コラム3）。たとえば、親の年間給与額が600万円で、適用される税率が20%だとすると、扶養控除の適用がある場合とない場合との以下の比較からも分かるように、あなたが勤労学生控除により所得税がかからないと考えて103万円を超えて1万円多く稼いだせいで、親が納めるべき所得税の額が7.6万円も増えてしまいます。

○扶養控除の適用のあるなしの例
・適用あり…（収入600万円－給与所得控除164万円－基礎控除
　　　　　　48万円－扶養控除38万円*）×20%＝70万円
・適用なし…（収入600万円－給与所得控除164万円－基礎控除
　　　　　　48万円）×20%＝77.6万円
＊扶養親族が大学生である場合の控除額は63万円にもなる。

3 | 源泉徴収制度

　所得税法では、1月1日から12月31日までの1年間に獲得した所得について納めるべき税額を自分で計算し、翌年2月16日から3月15日までの間に納めるべき税額を記載した申告書を税務署に提出する（これを「確定申告」という）とともに納税することが原則とされています。しかし、給与所得者の数は膨大（国税庁の平成30年分民間給与実態統計調査によれば、平成30年度では約5,900万人）で、全ての人が申告・納税しているかをチェックするのは事実上不可能なので、給与所得については例外的に、所得税を能率的かつ確実に徴収・納付するための特別な仕組みが用意されています。

　その一つが、「源泉徴収制度」です。この制度の下では、給与の支払者（事業主）が、受給者（従業員）に対して各月の給与を支払う際に、一定額の所得税を天引きし、天引きした税額（これを「源泉徴収税額」といいます）を翌月10日までに国に納めることとされています。給与の支払者は、国の代わりに税金を徴収する機関としての一面を持つとともに、納税者の代わりに税金を納める者としての一面も持っているといえます。

　天引きすべき金額は、所得税法の別表において、各月の給与額から社会保険料を控除した金額と一定の扶養親族・配偶者の人数に応じて定められています。しかし、これら社会保険料控除、扶養控除及び配偶者控除に関わる要素以外にも、税金の計算上考慮することができる納税者の個人的事情（→コラム3）があるわけですから、天引きされる金額はあくまで概算の金額に過ぎません。そのため、1年分の源泉徴収税額と冒頭で説明した計算順序に従って算出された法律上正しい税額とが一致しな

いことがあります。

4 │ 年末調整

　もう一つの重要な制度が、「年末調整」です。年末調整というのは、事業主が1年間の最後の給与を支払う際に、1年分の源泉徴収税額と正しい税額との過不足を精算する手続です。具体的には、正しい税額よりも多く源泉徴収していた場合には従業員に還付しますし、源泉徴収税額が正しい税額よりも少ない場合には従業員から追加で所得税を徴収します。このように、年末調整のポイントは、従業員ではなく、事業主が精算する点にあります。

　年末調整をするには、源泉徴収税額と比較される正しい税額を知る必要があります。そこで、事業主は、税額の計算に影響を与える各従業員の個人的事情を把握するため、年末調整の前に、年末調整の対象とされている所得控除に関連する情報を記載した書面を従業員に提出してもらいます。

　以上のようにして税額の過不足が精算されれば、従業員が改めて確定申告をする必要はありません。したがって、会社員であるあなたの両親は、確定申告をしていなくても法律に違反しているわけではないのです。ただし、勤務先に年末調整をしてもらえなかった人や年末調整に加えて確定申告をすることが法律上必要とされている人がいます。

　まず、年間給与額が2,000万円を超える人は、年末調整の対象から外され、常に確定申告を行わなければなりません。これに対して、年末調整を受けたものの、まだ源泉徴収税額と正しい税額との間に過不足がある人がいます。たとえば、年末調整

の対象とされていない医療費控除の適用を受ける場合、複数の勤務先から給与を得ていた場合、給与所得以外に20万円を超える所得を得ていた場合などには、年末調整に加えて、確定申告をすることで、過不足を精算する必要があります。

5 | 自営業者はお得ってホント？

 高校生

お母さん、フランス料理、とってもおいしかったね。でも、なんで領収書をもらうの？　何かいいことがあるの？　いつも家計簿なんてつけてないのにね。

 レクチャー

1 | 自営業者の税金

　おいしいフランス料理を食べられるなんて、この高校生はうらやましいですね。でも、お母さんは、家計簿をつけていないのに、なぜ領収書をもらったのでしょうか。それは、本章を読み進めていけば分かります。

　これまで見てきたとおり、所得税は、1年間の所得に応じて税金がかかる仕組みになっています。自営業者の場合、この所得とは、ざっくりいうと、1年間事業をして得られた正味の利益であり、売上（商品を売ったりサービスを提供したりしてお客さんから払ってもらったお金）とは異なります。たとえば、1年間の合計の売上が1億円のAさんと売上10億円のBさんのどちらの所得が大きいかは分かりません。それぞれの事業にかかった費用（仕入代金、人件費、賃料など事業をするために必要なお金のことです）が異なるからです。Aさんの費用が1000万円で、Bさんの費用が9億9000万円であった場合、Aさんの所得は9000万円で、Bさ

んの所得は1000万円でしかありません。つまり、売上の少ないAさんの方が所得は大きいのです。

　費用がどれだけかかったかは所得を計算する上で極めて大きな問題です。ポイントは、費用が大きければ大きいほど所得が減少するので、所得税も減少するということです。所得税の税率が仮に一律10%であったとしましょう（計算を簡単にするための便宜的な設定です）。Aさんの費用が1000万円の時と3000万円の時とでAさんの所得税はどのように変化するでしょうか。

---

①費用が1000万円の場合
　売上1億円－費用1000万円＝所得9000万円
　所得9000万円×0.1（10%）＝所得税900万円

②費用が3000万円の場合
　売上1億円－費用3000万円＝所得7000万円
　所得7000万円×0.1（10%）＝所得税700万円

　上記の式のとおり、①と②の場合で、所得税は200万円の違いが出てきます。このように、費用が増加すればそれに応じて税金は減るのです。したがって、税金の観点だけからいうと、費用が多ければ多いほど納税者にとっては税金が安くなるということです。このことを覚えておいてください。

2 ｜ 必要経費と家事費

　自営業者は、所得税法の定めている所得の分類の中では、「事業所得」というものに該当します。そして、事業所得を計算す

る上で、控除できる費用を法律上の言葉で、「必要経費」といいます。

　何が必要経費にあたるかは、事業をするのに必要な支出だったかどうかという観点から見ることになります。たとえば、自営業者としてフリーランスのプログラマーをしているCさんが、プロバイダーの利用料を支払ったとします。これは事業に必要な支出でしょうから必要経費です。また、Cさんがアルバイトを雇っている場合に支払うアルバイト料やCさんがクライアントのところに出向く交通費なども当然必要経費になります。こういった支出が必要経費になることは分かりやすいと思います。

　しかし、自営業者も事業だけして生きているのではなく、事業と関係のない生活にもお金を使っています。たとえば、毎日の食費は通常必要経費には該当しません。こういった事業に必要でない支出を所得税法の世界では「家事費」といいます。食費のほかにも、毎日着るための服を買ったお金や遊びにいった時に使うお金なども家事費であり、必要経費ではありませんので、その人の所得が減ることはありません。

　難しいのは、必要経費と家事費の双方の意味がありそうな支出があることです。たとえば、Cさんは仕事の付き合いでITエンジニアのDさんと飲食をして代金として1万円を支払ったとします。その店はCさんが以前から行きたかった店で、Cさんが店を決めました。そして、CさんとDさんはもともとの友人でした。さて、これは、家事費でしょうか、必要経費でしょうか。いささか考え方が分かれるところでしょうが、こういった仕事上の付き合いのための通常の飲食費は必要経費にあたる可能性があります。

　この場合に、先の例と同じように一律10%の所得税だとす

ると、Cさんは飲食費1万円を控除することで税金が1000円安くなります。さて、同じことを自営業者ではなく、会社員のEさんがしたらどうなるでしょう。会社員は所得税法上、必要経費を控除することができませんので1万円を支払ったきりで税金が安くなることはありません。

　CさんとEさんの違いを見てみると、Cさんは1万円支払っていますが、税金が1000円安くなっていますので、実質9000円の負担とみることもできます。Eさんは1万円の負担のままです。このように、自営業者は自らの選好に従った支出について、事業と関連づけることで、国家から一定の割引・キャッシュバックを受けているともいえるのです。

3 ｜ クロヨン

　クロヨンという言葉があります。これは、9（ク）：6（ロ）：4（ヨン）をもじった言葉であり、所得税の捕捉率が9（会社員）：6（自営業者）：4（農家）であるということを強調した言葉です（近年ではこの割合はかなり平準化しているという研究もあります）。「捕捉率」というのは、本来課税の対象とされるべき所得のうち、税務署が実際に把握できている割合のことです。なぜこのような差異が出てくるのかは、所得税を支払う仕組みである、源泉徴収と確定申告という制度に理由があるといわれています。自営業者は確定申告により自ら所得を計算して税額を算出して、それを国に納めます。これに対して、第2章4で見てきたように、会社員は源泉徴収で税金の支払いは通常終わります。源泉徴収の場合、給料を支払う側としては、源泉徴収すべき金額は給与から差し引くものなので自分の懐がいたむわけではなく、むし

ろ徴収し忘れた場合には税務署から自分に請求がくるので正確に計算して納付したいと考えます。他方で、確定申告はあくまで自分で計算して行います。人間は弱いのでどうしても計算をごまかして税金を少なくするという誘惑に負けてしまう人が出てきます。皆さんは、税金の計算をごまかしても税務署が見つけるはずではないかと思われるかも知れません。しかしながら、税務署による調査にも物理的限界があります。2018年度において、所得税に関する申告書を提出した人は2222万人いました。税務署は、このような莫大な量の申告を処理しなければならないのですから、どうしてもその調査から漏れてくる人も出てくるのです。

　さて、ここまで見てくると冒頭のお母さんが領収書をもらって何をしようとしているのかは推察できます。高校生の子どもとの食費は事業と関係ありませんから、本来は「家事費」ですが、そこをごまかして「必要経費」にしようとしているのでしょう。

4 | 給与所得控除と必要経費

　このように見てくると、会社員から見て自営業者はズルいと思われるかもしれません。たしかに、一定数のズルい自営業者はいるとは思いますが、正直に確定申告をしている自営業者が大半であり、彼らが会社員より常に有利かというとそうでもありません。というのも、会社員は、「必要経費」を控除できませんが、給与の金額に応じて一定額を控除することが認められているからです。それを「給与所得控除」といいます。

　この給与所得控除は、会社員にも勤務に必要な支出があるこ

とを想定して一律に控除することを定めたもので、実際にどれだけ支出したかは関係なく、給与の金額に応じて法律が定めた金額を控除できるというものです。

　この日本の給与所得控除は諸外国と比較しても圧倒的に高いものとなっていました。近年では少しずつ引き下げられていますが、2020年からは、たとえば850万円超の給与をもらっている会社員は、給与所得控除により195万円を控除することができます。実際には、この会社員は勤務に関連する支出として年間10万円程度しか支出していなくても、195万円を差し引いて税金を計算できるのです。このように、会社員は実際の支出よりも多額の控除が認められる場合があるので、自営業者と会社員が仮に同じ金額の収入を得て、同じ金額の仕事に必要な支出をしている場合であっても、自営業者より会社員の方が控除できる金額が大きくなる場合もあるのです。

　ここまで見てきた問題は、所得税法が、税金を計算する上で、その人の所得の種類に応じて計算方法を変えていることに起因しています。現在の所得の種類はこれまでは合理性のある分け方であったかもしれませんが、働き方の多様化した現代では不合理になっている可能性もあります。税金の仕組みは常に時代に合わせた適応が必要で毎年改正されています。自分の働き方と税金の関係も念頭に置いておくことは重要です。

6 | ギャンブラーはつらいよ?

競馬の実況

さあ先頭は5番のタックス・イヴェイジョン! 海外からの刺客ベップスが大外からきた、ベップスがきた! しかし逃げ切って1着は5番のタックス・イヴェイジョン!

 レクチャー

1 | 競馬の払戻金に対する税

　日本では、ギャンブルとして競馬をすることが認められています。ただし、ご承知のとおり20歳未満の高校生は馬券(正式名称は「勝馬投票券」といいます)を購入してはいけません。20歳になってからにしましょう。そこは置いておいて、仮に適法に高校生が競馬をして馬券の「払戻金」を得ることができたとします。それでは、その高校生は払戻金を使って豪遊して大丈夫でしょうか。念頭に置かなければならないのは、そう、税金です。

　何となく税金というものは、働いたり、物を売ったりして得た利益にかかるもので、競馬のような偶発的なことから得た利益にはかからないと思っていなかったでしょうか。常に競馬での払戻金に税金がかかるわけではありませんが、一定額を超過すると競馬での払戻金にも税金はかかります。この場合も、問題になるのはこれまで見てきた「所得税」です。日本の所得税法では、あらゆる利益に対して原則として税金がかかります。

なお、競馬による利益は、通常は一年間の儲けで50万円までは税金がかかりませんので、趣味程度の儲けであれば、税金は気にしなくても大丈夫です（2020年現在）。

2 │ 職業としてのギャンブラー

さて、このような競馬に関する税金の事件として、近年話題になった事件があります。そこでは、競馬の外れ馬券の購入代金をどうするかが問題になりました。

問題となった人は（以下では「Xさん」とします）、JRA（日本中央競馬会、競馬を開催している団体です）の提供するインターネットによる馬券購入方法を通じて、競馬購入ソフトに過去のデータから独自の馬券の購入条件を設定した上で、そのソフトの自動購入機能を用いて、毎週末開催されるほぼ全てのレースにおいて馬券を購入していました。Xさんの方針は、長期的に見て、当たり馬券の払戻金の合計額と外れ馬券を含む全ての馬券の購入代金の合計額との差額を利益とするというものでした。Xさんは、平成16年に元金100万円から始めたのですが、そこから毎年利益を上げて、刑事裁判で問題となった平成19年から平成21年の3年間では、延べ約28億7000万円分の馬券を購入して、払戻金の合計が約30億円と、合計約1億3000万円の利益を上げる大成功をおさめていました。

さて、皆さんは、Xさんにどのように税金がかかると思いますか。直観的には、3年間で約28億7000万円分の馬券を買って、約30億円の払戻金を得たのだから、その各年における差額を利益として各年の所得税を計算するといいのではないかとも思いますね。

しかしながら、国は長年、所得税法の利益の計算において、競馬で得られた払戻金から控除できるのは、的中した馬券の購入代金だけで、外れた馬券の購入代金は控除できないという立場をとっていました。そして、この事件での国も、Xさんの所得税法の利益の計算において、的中した馬券の購入代金のみ控除することを認めて、外れ馬券の購入代金は払戻金から控除することを認めなかったのです。

　その結果、Xさんは、問題となった3年間において所得税の額が合計約5億7000万円となってしまい、Xさんの実際の正味での利益を軽々と超えてしまいました。

　この問題は、所得税法上の難しい議論がありますが、簡単にいうと、Xさんの上記のような行為が、単なる一時的な趣味ではなく一種の仕事であると認められれば、外れ馬券の購入代金も控除することができます。

　結局、裁判の結果、Xさんの馬券の買い方は、その独特の購入方法から一種の仕事と認められたので、外れ馬券の購入代金を控除することが認められました。しかしながら、そのほかの違う人の裁判では、同様の買い方をしていても一種の仕事と認められず外れ馬券の控除が認められなかった人もいます。国も依然として、原則として、外れ馬券の購入代金は控除できないという立場を堅持しています。

3 ｜ 日本のギャンブル

　日本では、刑法上、「賭博」と「富くじ」を禁止しています。それぞれの定義は難しいですが、ざっくりといって偶然の勝敗によって経済的利益を得たり損をしたりする行為は禁止されて

おり、特別に国家に認められた行為だけが許されると考えてください。こういった行為を「ギャンブル」とすると、「宝くじ」もその本質は「ギャンブル」にあたります。それでは、「宝くじ」の税金はどうなるでしょうか。1等の3億円が当たったとしても、現在の税率（4000万円超は45％！）のもとでは、かなりの金額を税金として支払う必要があります。しかし、安心してください。税金を心配して購入を断念する必要はありません。宝くじの当選金は、法律上特別に所得税を課さないということが明記されています。そのほかにも、totoの愛称で知られているサッカーくじの当選金も、法律上特別に所得税を課さないことが明記されています。これらは本来税金をかけるべきですが、政策的な判断から特別に税金をかけないということになっているのです。そのほかの法律上税金をかけない利益にオリンピックの賞金やノーベル賞の賞金などもあります。逆にいえば、法律上特別に所得税をかけないことが明記されていない場合には、税金がかかるということです。

　日本では、競馬のほかにも、競輪、競艇、オートレースなどでギャンブルすることが認められています。これらのギャンブルに参加することで得られた払戻金などは特別の規定がありませんので所得税がかかります。

4 | ギャンブルへの課税

　ギャンブルに対しての税金は、これまで見てきたとおりですが、こういったギャンブルの結果として、偶然儲けた場合に課税の対象として本人の申告に委ねるというのは、突然あぶく銭を得た人にとっては脱税の誘因となってしまい、結果として人

生を狂わすことにもなりかねず、あまりよいやり方ではないか
もしれません。

　別の観点から見ると、公営のギャンブルは、ギャンブルを主
催することから得られる売上の一部を（宝くじは約40％、競馬は
約10％）、国・地方自治体の財政収入に回す仕組みになってい
ますので、租税と同様に、国家の資金調達手段の一つになって
います。これを競馬に参加する者の身になって考えると、賭け
金の一部を既に国家の財政収入としてとられているのに、払戻
金に対しても所得税がかかり、二重に税金をかけられている、
ともいえそうです。

　以上のように、ひとくちにギャンブルといっても、税金とい
う観点からは、いろいろと違いがあります。高校生の皆さん
も20歳になれば競馬などのギャンブルをする機会があるかも
しれません。ギャンブル依存症も社会問題になっている昨今、
ギャンブルに対する課税として、どのような方法が適切かをみ
んなで考えていく必要があります。

宝くじの売上の使い道（平成29年度）

売上7866億円

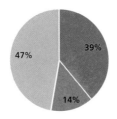

- ■ 自治体へ納められる金額（収益金）　2996億円
- ■ 社会貢献広報費・印刷経費など　　1180億円
- ■ 当選者に支払われる当選金　　　　3690億円

宝くじ公式サイトより作成。

JRAの馬券などの売上の使い道（平成29年度）

売上2兆7871億円

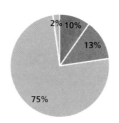

- ■ 国へ納められる金額（第1国庫納付金※）　2758億円
- ■ レースを開催するための費用など　　　3605億円
- ■ 払戻金　　　　　　　　　　　　　　2兆0940億円
- ■ 事業に関するJRAの利益　　　　　　　568億円

JRA平成29年度損益計算書の事業損益の部より作成。

※なお、JRAの事業運営の結果、各事業年度において生じた利益の2分の1も国に納められます（第2国庫納付金、平成29年度：297億）。

所得税

7 | タダであげても課税されるの!?

 高校生

タダで絵画をあげただけなのに所得税を支払わなきゃいけないの!?

 レクチャー

1 | 譲渡所得って何だろう?

　絵画のような財産は税法において「資産」と呼ばれます。また、所得税では、ある人が資産を別の人に譲る「譲渡」によって、「譲渡所得」が生じます。譲渡所得は、第2章4で既に勉強したように、所得税が課される所得の一種であるとされています。

　たとえば、Aさんが50万円で買った絵画を200万円でX株式会社に売ったとしましょう。この場合、絵画を譲渡することで受け取った200万円と絵画を買う際に支払った50万円とは、それぞれ「収入金額」と「取得費」として把握されると共に、Aさんの譲渡所得が、収入金額から取得費を差し引くという計算によって算出されます。Aさんは買値以上の金額で絵画を売っていますので、所得税を支払うのは当然と思えることでしょう。また、譲渡と引換えにお金を受け取らず、その代わりに別の絵画や株式などの財産を受け取る場合にも、やはり所得税はかかります。なぜかといえば、お金以外の財産などの価値も、お金と同様に収入金額として把握されるからなのですが、絵画の取得と譲渡という一連の流れを比較するとAさんの財産はたしか

に増えていますので、所得税を課すという結論は、特におかしなものとは思われないのではないでしょうか。

　しかしながら、譲渡所得が生じるのは、実は、上記の場合のような、資産を譲渡する代わりにお金などの対価を受け取る場合に限られません。次の図にあるような資産をタダで譲渡する場合でも、資産を譲渡する代わりに受け取ったものは何もないにもかかわらず、譲渡所得が発生したものとされ、所得税を支払わなければならないものとされるのです。

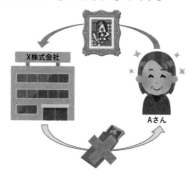

2 ｜ タダであげたのに儲かった⁉︎ ―みなし譲渡の不思議―

　譲渡所得の計算で用いる収入金額には、たいていの場合、資産の譲渡と引き換えに受け取った現金などの金額がそのまま使われます。しかし、AさんがX株式会社に絵画をタダで渡す、という上の図の場合では、譲渡資産である絵画のその時点での価値である「時価」に等しい現金を受け取ったものとして譲渡所得の計算が行われるのです。たとえば、時価が200万円であったとすれば、収入金額は200万円です。つまり、この場合

のAさんは、実際には1円ももらっていないのに、200万円の現金を受け取った場合と同じように所得税を支払わなければならないのです。このような取扱いは、実際には起きなかったことを、起きたものとして法を適用する「みなす」という処理を資産の譲渡の局面で行うものなので、「みなし譲渡」と呼ばれます。

　タダでモノをもらった人はともかく、タダでモノを渡した人まで税金を支払わなければならないことに憤りを覚えた方もおられるかもしれません。Aさんが持っている財産の量を問題の資産の譲渡の前後で比較すると、増えるところか、むしろ減っています。それなのに、Aさんが所得税を支払わなければならないのは、タダでモノをあげることに対して罰を課しているとしかいいようがないのではないか。このような見方に説得力があるのは否定しがたいところです。

　しかしながら、次の図1のように、Aさんが絵画をX株式会社にタダで譲渡する代わりに、ABC画廊に200万円で売り、そのすぐ後にX株式会社に200万円をタダで渡したとすればどうでしょうか。この場合でも、一連の取引の前後で比較すると、Aさんの財産はやはり減っていますが、絵画を売った対価として200万円を一旦はもらったという事実は変わりません。それにもかかわらず、現金200万円を他の人にタダで渡しただけで、支払わなければいけないはずの所得税を支払わなくてもよくなるのは何だか変だなと思われるのではないでしょうか。そうすると、絵画を売って手に入れたお金ではなく、絵画そのものをタダで渡す場合でも、Aさんは所得税を支払うべきだといえます。なぜなら、そのようにしなければ、次の図2のように、Aさんが絵画をX株式会社にタダで譲渡し、その直後にX株式会社が

ABC画廊に200万円で売るという風に順番を入れ替えることで、Aさんは所得税の支払いを免れることができてしまうからです。

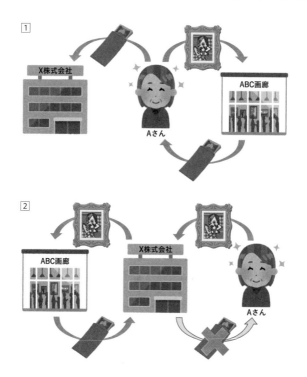

また、みなし譲渡という仕組みによって、譲渡した資産の譲渡時点での時価を受け取ったかのように取り扱おうとすることは、資産の価値が上昇することで実は所得は既に発生していた、という事実を適切に捉えようとしたものだということもできます。そもそもAさんが絵画を200万円で売ったことで譲渡所得があっ

たとされるのは、その絵画の時価が50万円だった時に、Aさんが50万円だけを支払って買っていたからにほかならず、仮に200万円で買っていたのなら譲渡所得はありません。要するに、50万円から200万円にへと資産価値が上昇したことこそが譲渡所得の源であるのです。したがって、みなし譲渡という仕組みの存在を前提とすると、譲渡所得は既に生じていた所得を、資産の譲渡という機会に所得税の対象として把握したものであるということができるのです。

3 │ みなし譲渡を排除した方がよい場合

とはいうものの、みなし譲渡という仕組みがあることで、行われる方が好ましい取引などが行われなくなるという現象が生じることもあり得ます。たとえば、AさんがX株式会社にタダで譲渡しようとした目的がAさんだけが素晴らしい絵画を鑑賞できるよりは、X株式会社のビルの目立つところに飾ってもらってAさんを含むその他大勢の人たちが鑑賞できるようにすることにあったとすると、そのような取引が行われた方が社会全体にとって有益です。しかし、Aさんは、所得税を支払ってまで行うことではないと考えて、絵画をあげるのをやめてしまうかもしれません。このようなことが起こると、社会全体にとって損失ですし、その代わりに税収が生じたわけでもありませんから、百害あって一利なしの状態です（このような社会的な損失を「死重損失」といいます）。このような弊害は、より多くの人たちに開かれた美術館のような場所にAさんが寄附するという場合において、より顕著です。

このような弊害を軽減するため、公益を目的として活動する

法人に対する譲渡のうち、文化の向上をはじめとした一定の公益の著しい増進に寄与する見込みであること、譲渡された資産がその法人の下で公益目的の活動に用いられる見込みであること、といった幾つかの条件がしっかり満たされていると（国税庁のトップである）国税庁長官が承認したものについては、みなし譲渡の制度が適用されないものとされています。また、美術館の中には、国や地方公共団体によって運営されているものもありますが、国や地方公共団体に対する譲渡については、国税庁長官の承認を受けるまでもなく、みなし譲渡の制度が適用されません。このようなみなし譲渡の例外の仕組みを通じて、税収も生じず社会に有益な取引も行われないという状況から、税収は生じないけれども社会に有益な取引は行われるという状況に推移することが目指されているのです。

コラム5 譲渡所得課税の変遷と所得概念

　本文で見たように、現在の所得税では、資産の譲渡が原則として課税対象とされていますが、戦前の所得税では、現金などと引換えに資産を譲渡する場合でさえ課税対象とならないのが原則となっていました。その背景としては、所得とは給与のような繰り返し発生する収入を意味するもので、資産の値上がりのような偶発的に生じる利益は含まれない、という考え方が主流であったということがあります。しかし、偶発的な利益を得た場合でも、給与などを得た場合と同様に、その利益を消費や貯蓄、投資に充てることができます。現在では、この点が一般的に受け入れられ、あらゆる経済的な価値の増加が所得であるとの理解に基づいて、所得税の仕組みがつくられているのです。

　偶発的に生じた利益も所得であるという考え方を貫くのなら、みなし譲渡の制度をあらゆる資産の譲渡に適用するべきということになるはずです。実際、戦後直後の所得税制では、親が亡くなって子どもなどの相続人が相続する場合や、親が子どもなどに贈与する場合などでもみなし譲渡の対象とされており、資産を譲渡した人は所得税を支払わなければならないものとされていたのです。しかしながら、そのような譲渡所得課税のやり方は国民の間で非常に評判が悪く、みなし譲渡の仕組みが適用される局面は年を経るごとに徐々に狭められて、現在に至っています。

第 **3** 章

相続税・贈与税

8 | 死と相続

 高校生

うちは土地を先祖代々受け継いでいるのだけど、今日はおじいちゃんとおばあちゃんが相続や贈与について税理士さんといろいろ相談しているみたい。

 レクチャー

1 | 相続税とはどういうもの?

相続とは、人が死亡し、その人の財産がほかの人に引き継がれることです。死亡し財産を移転する人を「被相続人」、その財産を引き継ぐ人を「相続人」といいます。相続をきっかけとして行われる財産の移転に対して課される税が、「相続税」です。

では、相続税を節約しようとして、死亡する時ではなく、生きている間に財産を移転したらどうなるでしょうか。たしかにその場合は、相続税は課されませんが、「贈与税」が課されます。その意味で、贈与税は相続税を補完するものだといわれます。相続税と贈与税は「相続税法」の中に一緒に定められており、相続税の税収という場合には、相続税と贈与税の両方の収入が含まれることがあります。

あるいは、親・子・孫がいるとして、親から子へ、子から孫へと財産を相続すると相続税が二回かかってしまうので、一気に親から孫へ相続することにして相続税を一回分節約しようと

考えつくかもしれません。よいアイディアではありますが、相続税法は、被相続人の一親等の血族（親と子、子と孫はこれにあたります）と配偶者以外の人が相続により財産を取得する場合は、相続税の税額が20％加算されると定めているので注意が必要です。こうしたタックス・プランニングについては、詳しくは次の第3章9を見てください。

　相続税は、誰が支払うのでしょうか。財産をたくさん持っていた裕福な被相続人でしょうか。それとも、働いたり対価を支払ったりすることなしに財産をもらえる相続人でしょうか。どちらのシステムを採用する国もありますが、日本では、相続人が相続税を支払います。相続によって、相続人のものとなる財産が増えたのだから、相続人へ課税しようという考え方です。使える財産が増えたのなら、たとえば給料を受け取る場合のように「所得税」が課されそう（→第2章4）ですが、「所得税法」が相続によって手に入れるものには所得税を課さないと定めているため、所得税と相続税を二重に支払う必要はありません。

2 ｜ 相続税はどんな財産に課される？

　相続税が課される財産は、ごく簡単にいうと、被相続人が持っていたプラスの財産（現金、土地など）からマイナスの財産（借金など）を差し引いた金額を基礎にして計算されます。現金は額面どおりに、つまり、1万円札は1万円のプラスの財産として数えられます。一方で、土地は、被相続人が買った時の値段や売れば手に入る金額ではなく、一定の手続に基づいて国が示す金額がプラスの財産に含まれます。また、プラスの財産ではあるけれども、この計算にはじめから含まれないものとして、

たとえば、墓石、仏壇、仏具といったものがあります。

　そうすると、プラスの財産を小さくする、マイナスの財産を大きくする、あるいは、相続財産の計算に含まれないものを財産として保有すると、相続税の負担が少なくなりそうですね。そのため、たとえば、現金1億円を持っている人が、土地（1億円で売買されているけれど、国は8千万円と示すもの）を買う、あるいは、金塊を持っている人が、その金塊を溶かして純金製の仏具にするといった、相続税の負担を減らそうとする策が考えられてきました。

3 ｜ 相続税はそもそも不要？　それとも重要？

　2017年に死亡した人のうち、相続税の課税対象となるほど財産を持っていた人は8.3％（約11万2千人）でした。また、2017年度の租税および印紙収入のうち、相続税が占める割合は3.7％（約2.3兆円）でした。このように、相続税は、人数の点でも税収の点でも、それほど規模が大きいとはいえません。それでも相続税が課されているのは、なぜなのでしょうか。

　相続税が課される根拠として、一つには、相続人は対価を支払わずに財産を手に入れるため、相続税を支払う力があるからだといわれます。たしかに、自分が所有する土地で小判を掘り当てたら所得税が課されるのに、相続で小判を受け取ったら課税がされないという税制は、公平かどうか疑問の余地があります。また、相続税を支払う資金が手元になくても、相続で手に入れた財産を売れば納税することができるでしょう。

　その一方で、相続は家族内で行われることが多く、夫婦が助け合って財産を築いた場合のように、たとえ相続財産が被相続

人の名前でつくられたものであっても、その相続財産をつくるのに実は相続人が大きく貢献していることや、相続財産が相続人の生活の糧となっていることが考えられます。納税するための資金についても、相続する財産が売ってお金に換えやすいものであるとは限りませんし、もしかしたら、財産は相続人が住んでいる家の土地と建物だけしかなく、相続税を支払うために家を売らなければならない、ということもあるかもしれません。

　また、富の「再分配」や、一部の人に富が偏らないようにすることも、相続税が課される根拠として挙げられます。再分配とは、国が富の分配に介入して、改めて分配を行うことをいいます。相続税についていえば、財産がたくさんある裕福な人に相続が生じるときに、相続人に相続税を負担してもらい、その税収を用いて国が貧しい人への施策などを行うということです。相続税を負担する結果として、次の世代へ引き継がれる財産は、被相続人が持っていたものより少なくなります。なお、相続税の税率は「累進税率」（税率が一定ではなく、相続財産の価格に応じて段階的に上がっていく）なので、相続される財産の価格が大きいほど相続税額の負担は大きくなります。

　人が財産を持っている、あるいは財産を移転することに対する課税には、様々な考え方がありえます。たとえば、諸外国の中には、カナダやオーストラリアなど、相続税を課さない国もあります。また、死亡により財産が移転する時を捉えて、相続税というかたちで一度きりの課税をするだけではなく、財産の保有が続けられている間にも、財産の所有者へ年に1回など定期的に課税している国もあります。どのような財産について、どのような目的、方法、タイミングで課税する（あるいは、課税するべきではない）のか、考えてみましょう。

9 | 死とタックス・プランニング

 高校生

昨日、おじいちゃんが税理士さんと相談しているのを聞いたんだー。おじいちゃんたら、結構な額の財産を持ってるみたい！　そんなに財産があるなら、早く孫にくれたら、いいのにねぇ。ほら、そしたら、払わないといけない相続税も少なくなって、一石二鳥だし！

 レクチャー

1 | 生きているうちに財産を贈与すると

　祖父の財産を生きているうちに孫に贈与すれば、税金を払う額も少なくなると高校生は皮算用をしているようですが、果たして、そうなるでしょうか。

　生きている間に財産を移転する場合、たしかに「相続税」を払わなくてよいかもしれませんが、その代わりに「贈与税」が課されます。払う税金が相続税から贈与税に代わるだけなら、それほど大きな違いはないように思えるかもしれません。相続税と贈与税とは、個人間において無償で財産が移転された場合に財産に対して課される税だという点では、よく似ています。相続税と贈与税の違いはいろいろありますが、税負担の観点から見た最大の違いは、やはりその税率でしょう。

こんなに違う！ 相続税と贈与税の税率

相続税		贈与税	
課税価格	税率	課税価格	税率
～1000万円	10%	～200万円	10%
～3000万円	15%	～400万円(300万円)	15%
～5000万円	20%	～600万円(400万円)	20%
～1億円	30%	～1000万円(600万円)	30%
～2億円	40%	～1500万円(1000万円)	40%
～3億円	45%	～3000万円(1500万円)	45%
～6億円	50%	～4500万円(3000万円)	50%
6億円～	55%	4500万円(3000万円)～	55%

※贈与税の課税価格の（ ）内は、孫のような直系卑属ではない場合の課税価格。

　たとえば、1000万円の相続や贈与があったとすると、相続の場合であれば税率は10％ですが、贈与だとすると30％の税率になっています。贈与税は、相続税に比べて圧倒的に低い額の贈与から税率が高くなっていることが分かります。なぜこのような差があるのでしょうか。

　人が死亡し、相続が発生する場合に相続税がかかるのであれば、相続が発生する前に相続税の対象となる相続財産を減らしておけば、相続税の税負担は少なくなります。相続が発生する前に財産を減らす方法として手っ取り早いのは、誰かに財産を贈与してしまうことでしょう。生きている間に誰かに相続財産を贈与して相続税の税負担を減らすという方法は、子どもでも思いつく分かりやすい方法ですから、ほかの人も考えないはずがありません。相続税を回避するために、みんながみんな生きているうちに贈与をしてしまえば、相続税を払うのは、生きている間に贈与する暇もなく亡くなってしまったようなごく少数の人だけという事態になりかねません。それでは、相続税という税を設けている意味がなくなってしまいます。そこで、相続

税より高い税率の贈与税を設けて、生きているうちに贈与をすると相続するよりも税負担が高くなるような状況にすることで、相続税の回避を防止しているのです。

コラム6 直系卑属とは

　親族は、直系と傍系に分けて表現されることがあります。あなたから見て、祖父母・父母・あなた・子・孫の縦のつながりを直系と呼んでいます。これに対して、おじ・おば・いとこ・兄弟姉妹・おい・めいは、横のつながりが入ってくるので、傍系と呼ばれます。
　直系の中で、あなたを基準とすれば、あなたから上の世代を尊属、下の世代を卑属と呼びます。尊い（とうとい）や卑しい（いやしい）という漢字が使われていますが、尊属の方が偉いといった意味はありません。

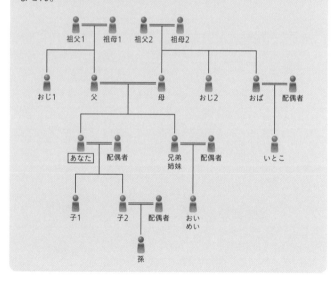

2 | こっそり贈与をしたら

　とはいっても、生きている間に贈与することで税負担を減らすことができないわけではありません。たとえば、贈与税の基礎控除は、110万円です。これを利用して、1年の間に受ける贈与の額を110万円以内に抑えることで、税負担なく贈与を受けることが可能です。1年では、それほど大きな額ではありませんが、110万円の贈与を10年続ければ1100万円、30年続ければ3300万円もの額の贈与を税負担なく受けることができます。

　このように、相続税や贈与税の税負担を減らす方法は各種あるのですが、国に分からないように、こっそり贈与したら、相続税も贈与税も払わずにすませられるのではないかと考えた人がおり、問題になりました。

　贈与税は、申告書の提出期限から6年が経過してしまうと、国が課税することができなくなってしまいます。そこで、子に贈与をしても、それを国には知らせないように、本来は提出しなければならない贈与税の申告書を提出しない（つまり払わなければならない贈与税を払わない）ようにしました。その上で、贈与をして6年を超えてから、初めて贈与を明らかにするという方法を考えたのです。もちろん、当事者らが贈与はあったといい張るだけでは信用してもらいにくいので、贈与について契約書を作成し、さらには「公正証書」（法務局という公的機関で公証人という第三者に作成してもらった契約書で、強い証拠力を有する）にすることで、贈与の証拠を残すようにしました。

　6年が経過してから贈与があったことを知った国は、6年以上前に行われたこととなっている贈与は、贈与税の支払いを免

れるための仮装に過ぎないと考えました。納税者は、6年以上前の贈与が真正なものであり、公正証書という証拠もあると主張したため、裁判所で争われることになりました。裁判所は、実際に贈与が行われたのは、贈与が登記により明らかになった時点であると判断し、納税者の主張を認めませんでした。納税者の計画した税負担を軽減するための「タックス・プランニング」は、功を奏しませんでした。それどころか、相続税よりも高い税率の贈与税を払う結果となり、かえって税負担は重くなってしまったのです。

3 │ タックス・プランニングは計画的に

　結果的に、こっそり贈与するという方法では、相続税・贈与税の税負担を軽減することができなかったわけですが、この方法は10年近い年月をかけて計画的に準備されたタックス・プランニングでした。ほかに、相続税・贈与税の税負担を軽減するためのタックス・プランニングとして有名なものとしては、孫を養子にするという方法もあります。

　日本の相続税は、「法定相続人」（死亡した人の配偶者や子など）の人数によって基礎控除の額が変わるという計算方式を採用しています。基礎控除とは、相続財産のうち相続税の対象としなくてよい金額のことです。基礎控除の額を増やすことができれば、その分だけ課税対象となる相続財産を減らすことができます。孫が養子となることで法定相続人の人数が増え基礎控除の額を増やすことができると、その結果、相続税の額を減らすことができるのです。また、祖父母から孫に、子をとばして相続を行うことで、相続税を支払う回数を2回から1回に減らすこ

とができるという点も、税負担の軽減のために役立ちます。（→第3章8）

　孫を養子にするという方法も、万能ではありません。基礎控除の額の計算において認められる養子の人数は一人または二人に限られているので、孫がたくさんいるからといって、養子を無制限に増やしても効果は限定的です。さらには、相続税対策として孫を養子にすることで、かえってトラブルになることもあります。孫が養子になるということは、相続財産を分ける人が増えるということであり、財産を分ける人が増えれば一人あたりの遺産の取り分が減るということは当然に予想できることです。自分の取り分が減る他の相続人にとって嬉しいことであるはずはなく、相続でもめる原因にもなりかねません。相続人の間での話し合いがこじれてしまった結果、最終的に、相続税対策として行われた養子縁組が有効か無効かという裁判にまで発展するケースもあります。

　相続税・贈与税の税負担を軽減するためのタックス・プランニングを考えて実行するのはよいのですが、その対策が成功しなかったときのデメリットやかえって争いを招くリスクも十分に考えてから実行に移した方がよいでしょう。

　ここで、通常、誰が相続人となるのかを整理しておきましょう。

　故人に、配偶者や子がいれば、その人が相続人となります。図のような家族において父方の 祖父 が亡くなった場合、相続人となるのは、配偶者である 祖母 と、子である おじ ・ 父 の三人となります。孫は、通常の場合、祖父から直接に相続を受けることはありません。例外的に、祖父の子である 父 が死亡している場合には、孫である あなた と兄弟姉妹も相続人となります。

　孫である あなた が 祖父 の養子となれば、どうなるでしょうか。

　祖父が亡くなった場合の相続人は、 祖母 と 父 ・ おじ ・ あなた の四人に増えます。また、 あなた は、祖父から直接に財産を相続することができるようになります。通常であれば、 祖父 から 父 、 父 から あなた と相続する場合、相続税を払う機会が二回ありますが、 あなた が養子となると、相続税を払う機会は一回ですむようになります。

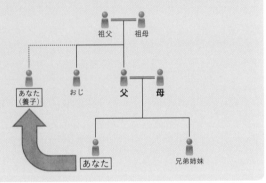

10 | そうだ、海外に住もう！
——税金と住所

 高校生

日本は税金が高いっていうよね。日本より税金が安い国に移住したら、もしかして得なのかな？　でも、日本食も温泉も大好きだし、家族も日本にいるし、ずーっと海外に住むのもちょっとなぁ…。

 レクチャー

1 | 日本に税を払うのはどんな人？

どういう人が日本に税を払わなければならないかは、税によって異なります。たとえば「消費税」は、海外旅行に行ってお店で物を買う時も（後から返してもらえることもありますが、いったんは）その国に払わなければなりません。これは、消費税は価格競争に直接影響を及ぼすことから、物を売っている国の中での競争条件を一定にするため、「消費税はそれを消費する国で課すことにしよう」とされているからです。

消費税以外の税はどうでしょう。全ての税は、私たちの安全で快適な生活に不可欠な公共サービスを提供するために使われています（→第1章1）。そのため、税は基本的にそこに住んで公共サービスを受けることのできる「居住者」が払うことになっています。

「相続税」も、基本的には「居住者」への課税がベースとなっています。日本の相続税は、誰かが財産を遺して亡くなった時にその財産をもらう人にかかる税で、もらった財産の大きさや亡くなった人との関係によって税額が変わります。現在の相続税は、亡くなった人や財産をもらう人が日本の国籍を持っているか、日本を離れてから何年たっているかも考慮して課されることになっていますが、もともとは「居住者」にかかる税でした。かつては、相続税がかかる条件は、①財産をもらう人が日本に住んでいること、または②もらう財産が日本国内にあること、のどちらかを満たしていることだったのです。そのため、①日本の居住者でない者が、②外国の財産をもらえば、日本の相続税は免れることができました。

　相続税と贈与税は、同じ「相続税法」の中に規定されていて、贈与税は相続税を補完するものです（贈与税と相続税の関係は第3章8.9参照）。そのため、贈与税の基本的な仕組みは相続税と同じです。人はいつ亡くなってしまうか分かりませんが、贈与は好きな時にすることができます。また、相続税や贈与税（以下、まとめて相続贈与税と呼ぶ）は相続や贈与があった時に一回きり支払う税なので、その時に税を払わずにすんでしまえば、それについてはこの先ずっと税を払わなくてよいということになります。そのため、日本に住所があることに注目して相続贈与税を課税していた以前の制度では、一時的に外国の居住者になって、その間に海外に持ち出した財産をもらい、日本の相続贈与税は払わずにすませることができました。皆さんが日常生活で何気なく使っている「住所」というものが、ときには数億円、数百億円もの税を日本に納めなければならないかどうかを決めていたわけです。

2 | 「住所」って、どういうところ?

　このように一時点の住所に着目して相続贈与税を払う人を判断していた日本の制度は、この制度を利用して税金逃れをする人が後を絶たなかったため、改正されました。その代表的なものが「武富士事件」です。この事件では、お金持ちの社長さんが、日本の贈与税を払わずに、息子に自分の会社の株式を贈与しようとしました。具体的には、以下のようなやり方です。まず、日本の会社の株式を外国の会社の持ち物にして、その外国の会社の株式をあげることにしました。日本の会社の株式をそのまま贈与してしまうと、日本にある財産をあげることになって、息子が外国に住んでいても日本の贈与税を払わなければならないからです。その後、息子を香港に住まわせ、その会社の香港支社で働かせて、しばらくたった頃、計画していた通り息子に外国の株式を贈与しました。上記の二条件にあてはめると、①息子は香港に住んでいて、②あげた株式も日本にある財産ではないから、日本の贈与税は払わなくていい、というわけです。香港に日本と同じような相続贈与税の制度があれば、税金を支払う場所が日本から香港に変わるだけですが、香港には相続贈与税自体がなく、このお金は香港では全く課税されません。

　これに対し、日本の課税庁は、「息子は贈与の時、日本に住んでいた!」と主張します。というのも、この息子は香港での仕事や跡継ぎになるプレッシャーから、たびたび日本の家族の家に帰ってきていたこと、息子の財産のほとんどは日本にあったことなどの事情があったためです。さらに、裁判の中で、香港に住んでいたのは会計士にそうすれば贈与税を払わなくてすむといわれているからで、主に日本に税金を払わないためにそ

3

相続税・贈与税

3 相続税・贈与税

うしていることが明らかになりました。課税庁は、「香港には滞在していたかもしれないが、息子は日本の家族がいる家に住所があった。つまり、日本の居住者だったのだから贈与税を払え」と主張しました。

　しかし、日本の最高裁は、要約すると、「住所は、生活の本拠、その者の生活に最も関係の深い一般的生活、全生活の中心を指すものであり、一定の場所がある者の住所であるかどうかは、客観的に生活の本拠である実体を備えているかどうかにより判断されるべきである」として、納税者の主張を受け入れました。

3 ｜ 日本に住所と呼べるものがなかったら……

　武富士事件とよく似たものに「ユニマット事件」があります。A氏は、もともと日本でコンサルタントをしていましたが、うまくいっていませんでした。そこで、2000年12月頃シンガポールに転出し、家を借り、シンガポールの会社の特別顧問になって株式取引業務を始めました。A氏は2001年1月、香港で外国の株式を19億円で売りました。日本の制度では、外国にある資産を日本に住所のない人（非居住者）が売った場合、日本はこの利益には課税しないことになっているため、A氏はこの所得を日本に申告しませんでした。土地や株式を売って利益を得た時に払う「譲渡所得税」も、相続贈与税と同じようにその利益を得た時に一回だけ払う税なので、税金の安い外国にいる間にやってしまえばそれについての課税はもうおしまい、ということにできます。ところが、課税庁は、「この株式を売った時、A氏の住所は日本にあった」と主張して日本で課税しました。A氏はこの課税に対し、「日本にはもう住んでいない。課

税を取り消してほしい」と主張しました。日本の裁判所は、要約すると、「住所を判断する時には、①住居、職業、生計を一にする配偶者その他の親族の居所、資産の所在等の客観的事実に基づき、総合的に判定する、②主観的な居住意思は、補充的な考慮要素にとどまる」と述べ、A氏は日本の居住者ではなかったと判断しました。

4 | 改正された今の制度

　このように、以前は、一時的に税金の安い国に住所を移すことで、日本の税を免れられる場合がありました。しかし、特に武富士事件では、その税金の額がとても大きかった上に、税金を免れるために香港に住んでいたことが裁判で認められていたため、大きな注目を浴びました。住所によって日本に税金を払うかどうかが決まるのは相続贈与税だけではありませんが、相続贈与税は、その人が一生をかけて築いてきた財産を子どもや孫に移転させる時にかかる税なので、場合によってはものすごく金額が大きくなります。また、納税者にとっては相続贈与があったその時だけ免れてしまえばいいので、課税庁にとっては特に対応の必要があるとも考えられます。

　そこで、武富士事件の後、相続贈与税が改正されました。財産をもらった時に、その人が日本に住所を持っているかどうかで日本の課税が及ぶかを判断するという制度の原則は変わっていませんが、現在では、財産をもらう側が日本に住所を持っていなくても、日本で税金を払わなくてはならない場合を追加的に定めています。現在追加されているのは、財産をもらう人が財産をもらうときに日本に住所を持っていない場合について

は、二つの場合です。一つ目は、財産をもらう人が日本国籍を持っていなくても、10年以上日本に住所がなくても、財産をあげる人が財産をあげる時点で日本に住所を持っている場合や、その10年以内に日本に住所を持っていたことがある場合には、日本に相続贈与税を払わなければならない、というものです。二つ目は、財産をもらう人が日本国籍を持っていて、財産をもらう10年以内に日本に住所を持っていたことがあれば、財産をあげる人が国内に住所がなく、財産をあげる10年以内に日本に住所を持っていたことがなくても、日本に相続贈与税を払わなければならない、というものです。日本の相続贈与税を払わないために、日本国籍を持っている人なら、あげる方ももらう方も10年は日本を離れないといけないというわけです（次ページ「2022年現在の制度」参照）。

　住所の認定は職業や家族、資産の状況を総合的に見て判断するということなので、本当にそうしようと思ったら日本にはあまり何も残さないほうがよいかもしれません。ただ、人生には税金以外の大切なものがたくさんあります。税金のためだけに生まれ育った日本を長期間完全に離れるというのは、多くの人にとってはかなりハードルの高いことです。

2000年度税制改正前の制度

亡くなった人 財産をあげる人 ＼ 財産をもらう人	日本に住所がある	日本に住所がない
日本に住所があってもなくても関係がない	日本にある財産・海外にある財産全て日本で課税される	日本にある財産にだけ課税される

※武富士事件は、改正が行われる直前の1999年に贈与が行われたため、改正前の法律が適用された。

2022年現在の制度

亡くなった人 財産をあげる人 ＼ 財産をもらう人	日本に住所がある	日本に住所がない		日本国籍がない
		日本国籍がある		
		国外居住10年以下	国外居住10年超	
国内に住所あり	日本にある財産・海外にある財産全て日本で課税される			
国内に住所なし　国外居住10年以下				
国内に住所なし　国外居住10年超			日本にある財産にだけ課税される	

※2000年〜2017年の基本的な仕組みは2017年度改正以降と同じだが、10年ではなく5年となっていた。
※このほか、2018年度以降、財産をあげる側についても、より詳細に国籍や日本での滞在期間が考慮されることとなっている。例えば、財産をあげる側が日本国籍を有しない場合でも、（1）財産をもらう側が、財産をもらう時点で日本に住所がある場合、（2）財産をあげる側について、相続開始時・贈与時前15年以内において日本国内に住所があった期間が10年より多く、財産をもらう側が日本国籍を持っていて、10年以内に日本に日本に住所があった場合等は、日本にある財産・海外にある財産すべてについて日本で課税されることとされている。

コラム8 「武富士事件」のその後

　「武富士事件」はものすごく金額の大きい裁判でした。納税者が最高裁で勝った後、国は納税者があらかじめ納めていた税金を、利子のようなもの（還付加算金）をつけて返さなくてはいけません。国は、納税者がもともと納めていた税金約1600億円、還付加算金約400億円で、併せて2000億円ものお金を返すことになりました。そのお金を返した2011年、その年の相続税の収入は初めてマイナスになったそうです。2011年2月時点での相続税の収入は1263億円程度でしたが、2015億円を返すことになって、マイナス752億円。武富士事件のインパクトの大きさが分かります。

第 **4** 章

消費税

11 | 消費税を消費者が支払っていないって、ホント?

 高校生

消費税は買い物などの際に消費者が払う税金なんかじゃなくて、赤字でもお店が払わないといけない、小さなお店にとっては過酷でひどい税金なんだ!ってこの前、聞いたんだけど…。

 レクチャー

1 | 消費と税金

　冒頭で高校生が紹介しているのは、ツイッターなどのSNSでしばしば目にする「消費税」に対する批判の一つです。このような批判も完全に誤りというわけではありませんが、私たち消費者が、消費税を日々支払っている、という説明もそれなりに理由のあるものであって、間違いと切り捨ててしまうのは問題です。以下では、今の消費税とそれとは別のタイプの"消費税"との比較検討を通じて、消費税が私たちの消費に対する税金で(も)あることを示していきたいと思います。

　まず、消費に対して税金をかけるというのはどういう意味なのかを確認しましょう。私たちは、チョコを食べたり、スマホのゲームで遊んだり、新幹線で移動したり、といった形で、モノやサービスを使用し、満足を得ていますが、そのようなモノ

やサービスの使用を消費と呼びます。したがって、消費に対する税金とは、使用したモノやサービスの価値を金銭で評価し、そこに税率を乗じた金額を支払うもの、ということになります。使用した価値の金銭評価をどのように行うのかは問題ですが、お店などで購入する時の価格である市場価値で評価するのが合理的でしょう。もちろん、モノやサービスの価値は人によって異なるはずですが、主観的な価値は外部から観察することは難しく、税金の額の決定に用いるのには何かと都合が悪いのです。

　消費に対する税金はモノやサービスの市場価値に基づいて実施するとして、次に問題となるのは、課税対象であるモノやサービスの消費をどうやって把握するのか、という点です。最も素直なやり方は、私たち一人ひとりについて、それぞれが、どれだけ、どのようなモノやサービスを消費したのかを把握し、それらの市場価値の合計額に税率を乗じるというものでしょう。しかし、個人一人ひとりの消費の種類や量を外部から観察することは容易でなく、ごまかしによる脱税が多発することが予想されるため、それを税金の計算に用いることは非現実的であるように思われます。所得税の税務調査では、飲食店の申告内容が正しいかどうか、ゴミ箱の割り箸なども数えて確認することがあるといわれており、消費税でもこれと同じような調査をすることも全く不可能ではないでしょうが、予想される納税者の数が桁違いに多くなることもあって、実行は非現実的ですから、正直者がバカをみる税金になってしまうでしょう。

　もっとも、このことはモノやサービスの消費の把握それ自体がおよそ困難ということを意味しません。モノやサービスの消費には、ほとんどの場合、その前段階として、モノやサービスの購入が伴いますし、その際の取引価格は、たいていの場合、

市場価値です。また、モノやサービスを販売する人は消費する人よりも随分と少ないはずなので、外部から観察するために必要な人的資源も少なくてすむでしょう。要するに、私たち一人ひとりの消費を直接に把握することは難しいけれども、モノやサービスが購入される場に着目することで、私たち全員の消費を把握することは可能なのです。

2 | 付加価値を使え！

　前述したように、私たちの消費はモノやサービスを販売した事業者の売上に反映されていますから、モノやサービスを販売する事業者に対して、その売上金額を対象とした税金を課すことで、私たち全員に対し、その消費について間接的に税金を課すことができるように思われます。しかしながら、事業者の売上金額に税率を乗じた金額をそのまま消費税の額とするやり方では、私たちの消費の総額について適切に税金を課すということにはなりません。事業者によるモノやサービスの販売は、次の図にもあるように、消費者だけでなく、他の事業者に対しても行われるため、このやり方では、同じ価値が二重、三重に重複して課税されてしまうのです。たとえば、次の図では、消費者が購入したモノの価値100,000円に原材料の価値20,000円が含まれており、この部分の価値は合計で四回も事業者の売上金額に反映されていますが、適切な調整をしなければ、このような前の事業者の下で生じた税負担が累積してしまい、事業者間の取引がなかった場合と比べて相対的に重い税負担が生じてしまうのです。

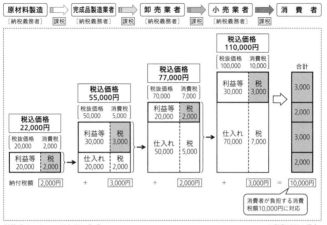

原材料製造		完成品製造業者		卸 売 業 者		小 売 業 者		消　費　者
〔納税義務者〕	課税	〔納税義務者〕	課税	〔納税義務者〕	課税	〔納税義務者〕	課税	

財務省ホームページを元に作成。　　　　　　　　　　　　　　　　　　　　　　※税率10％の場合。

　そこで出番となるのが、自身の事業に用いるために別の事業者からモノやサービスを購入した場合には、その事業者が、直前の事業者に対して支払った消費税の額だけ、支払わなければならない消費税の額を減らす、「仕入税額控除」という仕組みです。上の図にもあるように、各事業者の下で計算される消費税の額それ自体はモノやサービスの販売価格に税率を乗じて決定されるのですが（たとえば、小売業者の下での消費税の額は100,000円に10％を乗じた10,000円です）、そこから直前の事業者に対して支払っている消費税に相当する額が差し引かれるため（小売業者の下では卸売業者に対して支払った7,000円が差し引かれます）、国が受け取る消費税の総額は消費者が消費するモノやサービスの価格に税率を乗じた額と一致し、税負担の累積は生じないのです。

　なお、事業者がそれぞれ最終的に支払わなければいけない消

費税の額は、前の図のようにある年に仕入れ、その年の間にそれを売るという場合には、その事業者が新たに生じさせたモノやサービスの価値である付加価値に税率を乗じたものと一致します。消費税は「付加価値税」の一種である、と聞いたことがあるかもしれませんが、その名称は、消費税の額の支払いが、事業者のそれぞれに対し、その事業者の下で新たに生じた価値である付加価値に税率を乗じた税額の支払いを求めるのと実質的に同じであることに由来しているのです。

3 │ 個人に対する"消費税"の可能性

　日本の消費税には、私たちの消費を全て捕捉した上で、それらに税率を乗じた税負担を全体としては生じさせるという特徴があります。もっとも、消費税額を支払う納税義務を負っているのはあくまで事業者であって、事業者からモノやサービスを購入する消費者ではありませんから、消費税額の一部または全部がモノやサービスの価格に転嫁されず、事業者の株主や経営者、従業員などが受け取る配当や給与などを減らしてねん出されるという状況があり得ます。消費に対する税金であることは確かであるけれども、その税額を実際に誰が負担するのかは不確定であるのです。このような曖昧さは消費税額を事業者でなく消費者が国に支払う場合には生じませんが、消費者を納税義務者とするためには、消費者一人ひとりについて消費した額を測定し、それを課税対象としなければならず、その測定を行うことは非現実的であることは前述したとおりです。

　もっとも、ある一定の期間における総額であれば、個人一人ひとりの消費の額を間接的に測定することは可能です。たとえ

ば、Aさんが一年の間に受け取ったお金が給与300万円だけという場合において、貯蓄や投資のために支出したのがX社の株式の購入に充てた100万円だけであったとすると、300万円から100万円を差し引くことでその年の消費額を200万円と計測することができます。また、給与や貯蓄などの支出は同じだけれども、AさんはY銀行にある預金口座から100万円を引き出したという場合であれば、その100万円だけ多く消費を行ったはずなので、その年の消費額は200万円に100万円を加算した300万円ということになります。

　このように間接的に測定された消費者一人ひとりの消費の額に対して税率を乗じれば個人に対する「消費税」のでき上がりです。このような税金は「支出税」と呼ばれますが、その最大のメリットは税率に所得税にあるような累進性を導入することが可能である点にあります。消費者一人ひとりの消費が課税対象となっているので、消費額が多い消費者は少ない消費者よりも相対的に多くの税を負ってもらうことができるのです。

　支出税はいいことづくめであるようにも見えます。しかし、住宅ローンなどで借りたお金も課税の対象になったり、タンス預金をしても消費をしたとして税金がかかったり、といった一般の人には到底理解し難いように思われる特徴があるため、現実の税金として導入された例は諸外国にもありませんし、日本においても導入は極めて困難であるように思われます。結局のところ、付加価値税である消費税は「消費税」として一番優れたものなのです。

12 | 軽減税率の功罪

高校生

私が好きなパン屋さんでは、友達とお店の中で食べる場合と、持ち帰りにして家で家族と食べる場合とで値段が違うのだけど、どうしてだろう？

レクチャー

1 | 消費税の税率は二段階ある

　第4章11で学んだように、「消費税」は、付加価値を利用して私たちの消費を捕捉し、これに税率を乗じて計算されます。2019年10月1日から、消費税の税率（国税と地方税の合計）は、それまでの8％から10％へと引き上げられました。また、この税率の引上げに合わせて、所得が少ない人への配慮のために、特定の品目には8％の税率が適用されることが定められました。10％の税率は「標準税率」、8％の税率は「軽減税率」と呼ばれます。複数の税率が定められるのは、日本の消費税では初めてのことです。なお、消費の中には、医療費や学校の授業料など、消費税が課税されないことが法律で定められているものもあります。

　軽減税率の対象となる品目は、大まかにいうと、飲食料品（酒類や医薬品は除きます）と、週2回以上発行される新聞です。ただし、この品目に該当しても、提供される状況によっては、

軽減税率の対象になりません。たとえば、飲食料品であっても、外食やケータリングで飲食する場合は標準税率で課税されます。新聞についても、定期購読でなくコンビニなどでその都度購入する場合や、紙でなく電子版を購読する場合は、標準税率で課税されます。

　飲食料品としても、その他の用途のためにも利用できるものは、販売される時に人の飲食用として提供されるかどうかで、標準税率と軽減税率のどちらが適用されるかが決まります。たとえば、水は、いわゆるミネラルウォーターなど、容器に詰めて飲用として販売されるものには軽減税率が適用されますが、水道水には標準税率が適用されます。買う人がどのように使おうと思っているか、あるいは実際にどのように使ったかによって、適用される税率が変わるわけではありません。

2 ｜ イートインか、テイクアウトか

　お店でパンを購入する時には、店内のカフェスペースで食べるなどお店の設備を利用する場合は標準税率が、持ち帰りにして学校や自宅で食べる場合は軽減税率が適用されます。つまり、同じ飲食料品を購入する場合でも、どのように提供されるかの選択によって、適用される税率が異なります。使い捨てカップに入ったジュースやコンビニのサンドイッチなど、飲食料品が持ち帰りにできる容器や包装で提供されているとしても、持ち帰りでなく店内で飲食する場合は、標準税率が適用されます。

　しかし、軽減税率が適用されるかどうかの区別が難しい場合もありそうです。たとえば、ホテルの宿泊者が料理を注文して客室へ持ってきてもらうルームサービスは標準税率で課税され

る一方で、客室に備えつけの冷蔵庫に入ったジュースは軽減税率の対象となります。また、映画館内の売店でポップコーンを買う場合、売店に設置されたテーブルで食べると標準税率が適用されますが、上映されるシアターに持ち込んで映画を見ながら食べる場合は軽減税率が適用されます。

3 │ 消費税の負担のあり方

消費税は消費に広く公平に負担を求める税であるとされ、所得の多い人も少ない人も、同じものを購入する場合には、同じ消費税額を負担します。軽減税率がある場合は、ない場合と比べると、私たち消費者が負担する金額は少なくなるでしょう（スーパーで本体価格1万円分の飲食料品を購入する場合に、標準税率が適用される場合と軽減税率が適用される場合では、支払金額がいくら異なるかを考えてみましょう）。

その一方で、軽減税率は所得が少ない人への配慮のために設けられた制度ですが、所得が少ない人だけでなく所得が多い人も、飲食料品などを軽減税率で購入することができます。また、購入されるものの量が一定であるとすると、軽減税率がある場合は、ない場合と比べて、国家が活動するための原資の一部となる消費税の税収は下がります。

消費税の負担を緩和するには、軽減税率のように消費者が負担する消費税の金額を減らす以外にも、たとえば、消費税を負担するための原資を提供する（給付）という方法があります。2019年10月1日に消費税率が引き上げられた際には、一定の低所得者と子育て世帯が購入できるプレミアム付商品券が発行されました。このプレミアム付商品券は、1人あたり最大2万5

千円分の商品券を2万円で購入でき、購入者が住んでいる地域の店舗で利用できるというものです。

　消費税における公平な負担とはどのようなものか、その実現にはどのような方法があるかを考えてみましょう。

コラム9　世界の国々における付加価値税率

　第4章11で学んだ「付加価値税」（日本の消費税もこれにあたりますね）は、多くの国々で採用されていますが、国によって制度はさまざまに異なります。たとえば、日本では標準税率と軽減税率の差は2%ですが、下の表を見ると、税率の差がもっと大きい国や、食料品に対する税率がゼロの国もあることが分かります。

　税率と同じように、軽減税率の対象となる品目にも、国ごとに特色があります。興味を持った人は、国税庁（https://www.nta.go.jp/taxes/kids/hatten/page13.htm）や財務省（https://www.mof.go.jp/tax_policy/summary/itn_comparison/j04.htm）のウェブサイトなどで調べてみましょう。

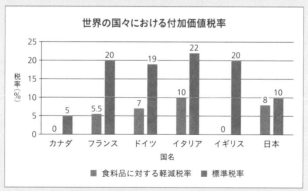

※財務省ウェブサイト「消費税など（消費課税）に関する資料」内「付加価値税率（標準税率及び食料品に対する適用税率）の国際比較（2019年10月現在）」（https://www.mof.go.jp/tax_policy/summary/itn_comparison/j04.htm）より一部抜粋して作成。

コラム10 英語で税金ってどういうの？

　税金は、英語ではtax（タックス）といいます。国税を申告したり納めたりするための電子システム「e-Tax（イータックス）」を皆さんは聞いたことがあるでしょうか。タックスは税金を意味する言葉として日本語に浸透しており、本書では下記の言葉が登場しています。

- タックス・イヴェイジョン（tax evasion、第2章6）：あまり普通ではない取引をして、税金の負担を減らそうとすること
- タックス・プランニング（tax planning、第3章9）：どれくらいの税金の負担があるかを考えて、取引を計画すること
- タックス・ヘイブン（tax haven、第6章15）：税金がない、または少ない国や地域のこと

　また、タックスはもっと身近なところにもあります。たとえば、買い物をしているときに"Tax-free Shop"や"Tax Refund"と書かれている看板やお店のコーナーを見かけたことはありませんか。"Tax-free"は「税金がかからない」、"Tax Refund"は「税金を払い戻す」という意味で、この場合は、どちらも消費税を支払わなくてよいということを示しています。

　第4章11で学んだ消費税は、日本国内での消費に課税します（第3章10）。外国からの旅行者や普段は外国で滞在して仕事をしている日本人などが、日本で家電製品や食品などの生活用品を購入して外国へ持ち帰る場合には、日本国内での消費はありません。そのため、旅行者などの人たちは、パスポートを提示するなどして、購入する品物は日本で消費するものではないと示すことによって、消費税の金額を負担することなく買い物をすることができます。"Tax-free"や"Tax Refund"の表示は、このお店では、要件をみたせば消費税の負担なしに買い物ができますよ、という意味なのです。では、逆に、私たちが日本を出て買い物をする場合はどうなるのでしょう。外国へ行く機会があったら、ぜひ空港や現地で確かめてみてくださいね。

第 **5** 章

地方税

13 | 住んでいる地域によって 税金が違う?

 高校生

頑張ってバイトしたけど、どうしても参考書を買うためのお金が足りない…。お母さん、足りない分のお金、お願いしたら出してくれるかな…？　地方自治体にお金が足りなかったら、どうするのかな？

 レクチャー

1 | 地方自治体のお財布事情

　皆さんの住んでいる地方自治体がどうやって公共サービスを提供するためのお金を工面しているか、知っていますか？各都道府県は、「地方税」として自分でそのための条例をつくって、自分で税金をかけています。国の税金が国会で法律をつくらないと課すことができないのと同じように（→第1章2）、地方税は地方議会で条例を制定しないと課すことができません。でも、各都道府県がそれぞれ全然違う税制をつくっていると、引っ越しのたびに全然違う税制が適用されることになって、大変です。そのため、地方税には「みんなこうしたらどうでしょう」というお手本集があります。それが「地方税法」です。重要な部分については、地方によってあまり大きく違ってしまうと困るので、地方税には、お手本集の通りにしなければならないところ

と、そうでないところがあると考えられています。地方税法は国会が制定した法律ですが、地方税は各地方自治体が課すものなので、各地方自治体の議会で改めて条例を制定する必要があり、地方税法を根拠に課税をすることはできません。各地方自治体が、地方税法に書いてあるお手本を参考に、可能な範囲で、それぞれ条例を制定して自分で公共サービスのための十分なお金を税としてとってくる、それが本来望ましいと考えられています。それぞれの地方自治体が国に依存せずに自立していることで、必要以上に国の顔色を窺うことなく、きちんと自分たちのことを自分たちで決められるようになるからです。しかし、東京や大阪のような大きな都市には人がたくさん住んでいて大きな企業もたくさんありますが、人も企業もあまり多くない地方もなかにはあります。そういう地域は、自分で何とか条例をつくって税を取ろうとしても、どうしても都会に比べて税収は少なくなってしまいます。人や企業が少なかったり土地の値段が都会に比べて安かったりして収入が少ない時に、地方自治体が公共サービスを提供するためにかかるお金をその分少なくしてしまうと、全国で公共サービスに大きな差が出ることになってしまいます。また、雪がたくさん降るところなら除雪の費用がかかったり、寒さで道路が割れてしまった時にメンテナンス費用がかかったりと、地域特有の事情があることもあります。

　日本全国できちんとある程度の公共サービスを提供することは、国にとっても大切なことです。そのため、どうしても足りない分は日本政府が地方にお金を補てんしてあげることになっています。学校の社会や公民の授業で、「地方交付税交付金」という言葉を聞いたことがある人も多いのではないでしょうか。この地方交付税交付金は、「必要と考えられる額（基準財政需要額）」

5

地方税

から「通常地方自治体が自分で稼げると考えられる額（基準財政収入額）」を引いた差額ということになっています。「基準財政需要額」の計算の際には、地域特有の事情なども考慮されます。しかし、日本には47つもの都道府県があり、いくら日本政府といえども全ての都道府県の必要な分を、いくらでもお金が出せるわけではありません。そのため、ある年に国から地方自治体にあげるお金の総額は、国のその年の税収の一定割合まで、というのが決まっています。地方が全体でいくらもらえるのかは、その年の国の税収によって変わってくるというわけです。

2 | 自分で稼ぐ額を増やすには

　地方自治体は、自分で必要な分を全て稼がなくても足りない分はある程度は補てんしてもらえるということですが、いくらもらえるかは国の税収やほかの地方自治体との間の分配次第なので、あまり補てんに頼るのも心もとないですね。1で確認したように、「地方税法」はお手本集で、各地方自治体は自分で条例をつくって、自分で課税をすることになっています。地方税法というお手本のとおりにしなければならないところもありますが、それ以外の部分については、自分たちでお手本通りにはしないことを手続にのっとってきちんと決めれば、全てをお手本通りの条例にする必要はありません。「お手本では10％になっているこの税を、うちは15％にしたい」とか、「お手本集には載っていないけれど、うちはこういう税金を新しくつくりたい」ということも、もちろん問題ありません。お手本である地方税法よりも高い税率を課すことを「超過課税」、地方税法に載っていない独自の税のことを「法定外税」といいます。超

過課税や法定外税を使えば、地方自治体は自力で稼ぐお金を増やすことができます。たとえば、太宰府市は「歴史と文化の環境税」という法定外税をつくっていて、一時有料駐車場の利用者に、駐車1回あたりにつき50円〜500円の課税をしています。観光地の駐車場に車を停める人から少しずつ税をとって、観光地の整備や保存に利用しているのです。

　しかし、自分の住んでいる地方自治体があまりにもほかの地域よりも税を増やしたとか、自分たちの税の使われ方や提供される公共サービスの内容に納得がいかないという場合には、その地域に住んでいる人は、近くのもっと好ましい都道府県に引っ越してしまうかもしれません。このように地方自治体間で競争が起こって、その結果、人が移動することを、「足による投票」といいます。また、政治家が自分の所属する地方自治体で増税を主張すると、あの政治家は増税しようとしているぞ、ということで、選挙で人気がなくなってしまう可能性があります。そこで、地方自治体またはそこで条例を制定する議員は、その地域で投票権を持たず、その地域で公共サービスを受けることもない人に租税を負担させようと考えることがあります。これは、その地域がほかの地域の人に税をかけてもなお、ほかの地域の人が来続けてくれるような優位な地位にある時に起こります。たとえば、皆が行きたいディズニーランドのホテルに泊まる人に、1泊あたり数百円の税をかけても、そのホテルに泊まる人はあまり減らないと考えられます。その地域に住んでいる人は地元ではあまりホテルに泊まらないのがふつうなので、ホテルの宿泊者に税をかけるということは、その地域の居住者ではない人に税をかけることになります。これを「租税輸出」といい、応益負担の原則を大事にするべき地方税（→第5章14）で、税金

を払う人とその恩恵を受ける人とが食い違ってしまう（他人の
お金でいい思いをしようとする）ことは、好ましくないと考えられ
ています。

3 ｜ お金を稼ぐためじゃなくてもやりたいこと

　法定外税の中には、自分たちで税を徴収してお金を稼ぐとい
う目的以外のために制定されるものもあります。たとえば、「産
業廃棄物税」という地方税は全国で30弱の地方自治体が導入
している法定外税で、いろいろなやり方がありますが、基本的
には事業に伴って生じた廃棄物の排出量や処分量に従って、排
出事業者や最終処分業者に課されるものです。これは、産業廃
棄物をたくさん出せばその分税金がたくさんかかるようにする
ことで、産業廃棄物を出さないようにする、減らそうとする動
機づけを与えようとするものです。そして、産業廃棄物税とし
て徴収されたお金は産業廃棄物の処理やリサイクル率向上のた
めに使うと決められた目的税です。ごみをたくさん出した人に、
その処理のための費用やごみを少なくする社会にするための費
用を担ってもらおうということです。

　このように、各地方自治体が独自にやっている法定外税の中
には、自分たちの税収を増やす以外の目的で制定されているも
のもあります。

4 ｜ 地方税が安いところと高いところ

　これまで説明してきたように、各地方自治体は、基本的に
は「地方税法」というお手本にのっとりながら、自分たちで少

し税率を上げたり下げたり、新しい税をつくったりしています。その結果、支払う地方税はどこに住むかによって変わってくることになります。たとえば、2019年現在で年収480万円の独身の会社員が支払う住民税を想定してみると、日本で一番住民税の安い名古屋市と、一番住民税の高い夕張市では、年にだいたい2万円弱の差が出ることになります。

　また、当然お金の使い方についても地方自治体によって異なり、地方独自の行政サービスを行っているところもあります。たとえば、2019年度現在、私立高校の授業料への支援は、都道府県によって支援が受けられる範囲が違います。東京都では年収760万円未満の世帯を対象として、都内の私立高校の平均授業料相当額を助成することになっていますが、ほかの地域では年収250万円未満の世帯のみが対象となる地域もあります。支払う税金も、受けられるサービスも、住むところによってずいぶん変わってくる可能性があるわけです。

14 │ 納税先を自由に決められるって ホント？

 高校生

父親が特産品の地酒をもらえるからって、日本のとある市に納税したって言っていたけど、納税先を自由に決められるの？

 レクチャー

1 │ ふるさとは損な役回り？

　あなたが地方で生まれ育ち、就職を機に都市に出て働くとしましょう。あなたが都市に出て稼いだ所得に対して課される「所得税」（国税）と「個人住民税」（地方税）は、それぞれ国と居住地の自治体に納められます（国税と地方税については、第1章1・第5章13参照）。そのため、あなたを育むために長年にわたり教育費など多額の費用を投じてくれたふるさとの自治体には一切税収が入ってこず、あなたに投じた費用を回収することができません。そうすると、働き口の多い都市の自治体の財政は潤う一方で、地方の自治体の財政は厳しい状況に置かれてしまいます。

2 │ 「ふるさと納税」構想の課題

　このような地方の窮状を踏まえ、ふるさとから離れて都市で

働く人がふるさとに納税することができるふるさと納税構想が登場しました。とはいえ、この構想を現実の制度として実現するには、幾つかの課題がありました。

　まず、「ふるさと」とはどこを指すでしょうか。出生地でしょうか、それとも養育地でしょうか。親の転勤を理由に転校を繰り返していた場合どうでしょうか。人によって「ふるさと」と考えるところは違うかもしれませんし、「ふるさと」が複数成り立つ可能性もあります。このような中では、ここが私の「ふるさと」だと証明するのは難しいですし、その「ふるさと」が本当に正しいかを自治体がチェックすることにも困難が予想されます。

　次に、地方税は、居住地において受ける公共サービスの対価として（応益原則）、全住民が相互に負担すべきものとされています（負担分任原則）。このような地方税の原則から、各自治体はそこに居住する人たちからのみ税金を徴収すべきですし、居住地における公共サービスの恩恵を受ける以上、住民は税金を納めなければなりません。しかし、納税先を居住地からふるさとに変更することを前提とするふるさと納税構想によれば、ふるさとの自治体はそこに居住する人たち以外から税金を徴収することになる一方で、都市に居住する者は居住地の自治体に十分な納税を行うことなく公共サービスの恩恵を受けることになってしまいます。

3 ｜ ふるさと納税制度の仕組み

　2008年の「地方税法」の改正により、「ふるさと納税制度」が創設されました。この制度の最大の特徴は、居住地に納付す

べき税金をふるさとの自治体に納付するのではなく、ふるさとの自治体にお金を寄附するという手法が取られたことです。

　具体的には、あなたが選んだ都道府県・市区町村（自身のふるさとでなくてもよい）に寄附を行い、その寄附金のうち2,000円は自己負担になるものの、2,000円を超える部分の金額（上限額あり）については、納めるべき所得税と翌年度の個人住民税からそれぞれ控除されることで（図1参照）、所得税の還付と個人住民税からの控除という形で、あなたの手元に戻ってくる仕組みになっています（図2参照）。

　その結果、あなたが寄附金を控除したことで国と居住地の自治体が失った税収分が、あなたが寄附先に選んだ自治体に移動した形となります。このような制度設計により、ふるさと納税構想が抱えていた前ページの課題を回避しつつ、実質的に納税先を自由に決定した場合とほぼ同様の結果が得られることになりました。

図1

※ふるさとぷらすより。

図2

図タイトル: ふるさと納税のイメージ

コラム11 従来の寄附金控除とふるさと納税との違い

　個人が特定の団体に寄附をした場合に所得税や個人住民税から寄附金を控除する制度がこれまで存在していなかったというわけではありません。従来から、寄附金のうち一定額を所得税と個人住民税から控除することが認められていました。ふるさと納税が従来の「寄附金控除」と違う点は、ふるさと納税の場合には、図1にある「住民税特例分の控除」が追加で認められることです。これにより、寄附金の額から自己負担額2,000円を除いた金額全額を控除することができるようになりました。

4 ｜返礼品競争に対する規制

　2011年3月11日に発生した東日本大震災をきっかけとして、ふるさと納税制度に注目が集まりました。すなわち、被災地に義援金を送るための手段として、ふるさと納税制度が活用されたのです。具体的数値として、2010年度に約67億円だった寄附金の額が、震災年度には約10倍の約650億円にまで急増しました。

　ふるさと納税制度が再注目されるきっかけとなったのは、寄附してくれた人に対して各自治体が贈るようになった返礼品です。寄附に対する心ばかりのお礼として始まった返礼品ですが、寄附をたくさん集めるために、よりお得な返礼品を提供しようと各自治体が競争するようになりました。これに反応するように、返礼品が魅力的な自治体を寄附先に選ぶという行動が目立つようになりました。これでは、もはや寄附とはいえず、自己負担額2,000円による返礼品の購入です。

　このように過熱する返礼品競争を規制するため、総務大臣は、返礼割合3割を超える過度な返礼品や、地場産品とは無関係な返礼品の送付を控えるべきとの通知を2017年4月に発しました。しかし、この通知に強制力はなかったため、返礼品競争が完全に改善されることはありませんでした。そこで、2019年4月に法律が改正され、返礼品を返礼割合3割以下の地場産品に限定するとともに、ふるさと納税制度の対象となる自治体を総務大臣が指定することになりました。

5 │ ふるさと納税の多様化

　ふるさと納税制度は、制度導入後、多様な広がりを見せています。その一例が、各自治体が地域の課題を解決するためのプロジェクトを立ち上げ、そのプロジェクトの賛同者からふるさと納税を通じて寄附を募る「ガバメント・クラウドファンディング」です。通常のふるさと納税に比べ、寄附金の使途をより明確にした仕組みだといえます。

　最近では、使われなくなった不用楽器を自治体を通じて学校や音楽団体などに寄附することで、その楽器の査定額を税額から控除する楽器寄附ふるさと納税を実施する自治体もあります。さらに、ふるさと納税制度の仕組みは、大学などの研究機関への寄附や、2019年に放火被害を受けた京都アニメーションに対する寄附などを税制上優遇するためにも用いられています。

　これらの制度は、個人が寄附することを前提としています。しかし、2016年からは、地方創生事業に寄附をした法人にも法人税（国税）と法人住民税・法人事業税（地方税）の負担軽減を認める企業版ふるさと納税（正式名称は「地方創生応援税制」）が開始しています。

第 **6** 章

国際課税

15 │ タックス・ヘイブンって 天国みたいにいいところ？

 高校生

ニュースで「**Tax Haven**（タックス・ヘイブン）」って言葉を聞いたんだけど…、「**Heaven**（天国）」っていうくらいだから、いいところなのかな？　税金が無いところだったりして！

 レクチャー

1 │ タックス・ヘイブン≠天国

　よく「Heaven（ヘブン：天国）」と誤解されがちですが、正確には「Haven（ヘイブン：避難所）」といいます。ただし、「天国」のような要素も含んでいます。これは、「租税を回避する国や地域」という位置付けが「タックス・ヘイブン」にはあるからです。タックス・ヘイブンと呼ばれる国や地域は税金が安かったり、ほぼ税金がないに等しかったりします。また、表面上は税金がかかるように見えても、特定の所得には税金がかからないようになっていることもあります。その他の特徴として、ビジネスが行いやすい環境が挙げられます。たとえば、会社を簡単に設立することができる、タックス・ヘイブンを経由してお金のやりとりをした時に情報の秘密が守られる、などです。
　タックス・ヘイブンと呼ばれる国や地域は、私たちが暮らす

日本をはじめとする経済力の豊かな国と異なり、一般的に、自国の経済を支える産業が乏しいことから、自国の経済だけでは満足のいく税収が期待できません。そのため、ほかの国より税金が安くなる制度を整備した上で、国外の企業にたくさん進出してもらって、税金（税金がかからない場合は手数料のようなお金）を納めてもらいます。日本やほかの先進国に比べると入ってくる税収は少ないものの、比較的小さな島国が多いタックス・ヘイブンにとっては国の税収に対して大きな金額になるため、このような税制の仕組みが成立しています。

コラム12 やっぱり天国じゃん！

　冒頭、タックス・ヘイブン≠天国と紹介しましたが、ドイツ語では「Steuerparadies」、フランス語では「Paradis fiscal」と呼びます。この二つのフレーズの中に出てくる「Paradies」、「Paradis」は、楽園や天国を指すこともあり、人によって本当は天国のようなところなのかもしれません。

2 │ タックス・ヘイブンの成り立ち

　タックス・ヘイブンと呼ばれる国や地域にも様々な成り立ちや種類があります。たとえば、カリブ海に浮かぶケイマン諸島が挙げられます。ケイマン諸島はイギリス領であり、税制をはじめとする多くの法律が宗主国であったイギリスにならったものになっています。世界史や社会の授業で習ったように、宗主国はイギリスにとどまらず、アメリカやスペイン、フランスなどの大国の元属領の中にも、タックス・ヘイブンと呼ばれる国や地域があります。

タックス・ヘイブンは、企業を誘致するために、先述したような安い税制やビジネスを行いやすい環境を整備し、主に企業によって使われてきました。

3 │ グローバル化の中のタックス・ヘイブン

　たとえば、日本の企業がタックス・ヘイブンに税金を納めて、自国で納めるべき税金を少なくしていた場合はどうなるでしょう。その場合、日本の税収が減り公共サービスは立ち行かなくなってしまいますし、それは他の国も同じです。また、情報の秘密を活用し、タックス・ヘイブンに送金をして「マネー・ローンダリング」（「資金洗浄」といい、犯罪で得たお金の出所を分からなくすること）が行われることも避けなくてはなりません。

　そのため、日本では、タックス・ヘイブンに対抗するための制度として「タックス・ヘイブン対策税制（*現在は外国子会社合算税制：租税特別措置法66条の6）」を導入しています。この制度は、たとえば、タックス・ヘイブンと判定される国や地域で日本の納税者が所得を得ている場合には、税金を回避していると判断され、その所得は日本で課税されるべき所得であるとして、日本で税金をかけられます。

税金の回避をしていたら…

また、先進国は税収を確保するため、タックス・ヘイブンに対して、プレッシャーを与えてきました。プレッシャーの一例として、納税者がタックス・ヘイブンを利用した時の情報を隠さないようにする仕組みである情報開示などが挙げられます。課税権はその国の主権の重要な構成要素であり、本来は独自に決めることができますが、先進国はタックス・ヘイブンに、「君たちは国際的なルールに合意をしないのか！」と圧力をかけることで、タックス・ヘイブンと呼ばれる国や地域に対する先進国の視線が、国際協調や透明性の観点から、厳しくなってきています。併せて、社会的な批判の高まりもあることから、タックス・ヘイブンと呼ばれる国や地域は少なくなりつつあります。それでも、企業はタックス・ヘイブンを使わなければならない場合があります。

　例を挙げると、日本の企業が、あるタックス・ヘイブンで、実際に人を雇って、利益を上げている場合、ほかにも、日本と中国の企業が共同でプロジェクトを行いたい時に、どちらの国にも会社を置けない、といった課題を解決するため、利害関係やコストの理由からタックス・ヘイブンに会社を設立する、といった場合など、グローバルなビジネスを行う際に、どうしてもそのタックス・ヘイブンに進出する必要に迫られることがあります。このような理由でタックス・ヘイブンを利用する場合は、企業は税金を回避しているのでしょうか？

　日本をはじめとする先進国は、自分の国の企業のビジネスを邪魔するわけにはいかないので、タックス・ヘイブン対策税制などの制度の中に、「タックス・ヘイブンで実際にきちんとビジネスを行っている納税者は制度の対象にはならない」仕組みを設けています。

つまり、今日のグローバルな環境下では、「タックス・ヘイブンに進出をして、単純に税金を安くすますような納税者は見逃さないけれども、実際にビジネスを現地で行っている場合はタックス・ヘイブンに進出しても大丈夫！」という制度となりつつあります。もっとも、グローバル化に対応するために、国際的な税金のルールは非常に複雑になってきました。本章で取り上げたタックス・ヘイブン対策税制もその一つです。

　イギリス王室属領であるガーンジー島では、進出してきた外国企業が0〜30％の範囲で税率を選択できる税金の制度がありました。でもこれって不思議ですよね。そうしたら、みんな全く税金のかからない0％を選びませんか？

　実は、この制度をめぐって日本でも事件になったことがあります。日本の企業はガーンジー島に進出した時に26％の税率を選択し、税金を納めていました。当時の日本の「タックス・ヘイブン対策税制」は、税率が25％以下の国や地域で納めた税金が適用の対象であったため、あえてそれより1％高い26％を選択して、タックス・ヘイブン対策税制の適用とならないようにしていました。「こんなデタラメな制度の税金は税金と認められない！」と主張する税務当局と、「いやいや！　税金だし！」と主張する納税者との間で訴訟になりました。裁判では納税者が最高裁で勝訴しています。

　なんだか、納税者が負けてもよさそうな事件に見えますが、当時の法律では、ガーンジー島で納めた税金をタックス・ヘイブン対策税制上認めないとする規定が備わっていなかったことから、最高裁で納税者が勝訴する運びとなりました。P.21で取り上げた租税法律主義をここでも確認することができますね。ちなみに、この判決が出てからほどなくして、ガーンジー島の税金をタックス・ヘイブン対策税制の対象とする税制改正が行われました。

6

国際課税

16 | 税金の問題はグローバル！

 高校生

この本で税金のいろんなことを学んできたけど、税金って私たちの国だけの問題なのかな。ほら、今は何かとグローバル化っていうじゃない？

 レクチャー

1 | グローバルな税金の世界

　本書で学習した税金の多くは、基本的に日本以外の国にもあります。第1章1や終章17で紹介する税金に関する課題があります。また、4章12で紹介した「消費税」の話は、既に軽減税率を導入している国でも同様の問題を抱えています。冒頭で高校生の彼女が「ほら、今は何かとグローバル化っていうじゃない？」といったように、もちろん、人やモノ、お金や情報の移動が容易になり、グローバル化した現代では、税金の問題も発生してきます。代表的なものとして、本書では大きく取り上げませんでしたが、企業などの所得に対して税金をかける「法人税」の問題があります。「国際課税」という分野では様々な税金が関係してきます（たとえば、相続税・所得税についての第3章10）が、ここでは企業に対する税金である法人税に限定をして紹介をします。

　相続税や所得税など特定の税金がない国は幾つか存在します。一方、本当に税金が一切ない国もあります。それはナウル共和国です。

　ナウル共和国は、資源国としてリン鉱石の輸出によって栄えた国であり、税金以外にも医療や教育は無料で、全ての年齢層に給与として年金が支払われるなどの手厚い政府の福祉がありましたが、資源が枯渇すると、政府の財政破綻により、様々な公共サービスに影響が生まれ、高い失業率を記録しています。

　第1章1「税は文明の対価である」で学んだように、税金は私たちの暮らしを支えており、その大切さがよく分かります。

　まずは、法人税について簡単にイメージを膨らませてみましょう。企業はどのように利益を上げるでしょうか。仮に①原材料を仕入れる、②工場で製品をつくる、③完成した製品を販売する、としましょう。原材料を仕入れるための費用や、工場で製品をつくった時の費用、製品を販売するための人件費などを売上から引くと純粋な利益（これを「法人の所得」といいます）が出ます（なんだか所得税で習った必要経費の考え方に似ていますね）。おおまかな説明になりますが、法人税はこの所得に対して税金がかけられています。

　企業が日本国内だけで活動をしていた場合には、日本にだけ法人税を納めればよいでしょう。しかし、グローバル化の進んだ今日においては、企業は様々な国で活動を行っています。ということは、様々な国で、法人税を納める必要が出てきますね。これが、グローバル化に伴う税金の問題です。この場合、グローバルに活動する企業に対して、複数の国が同じ所得に対して何の調整もせずに法人税をかけると、法人税を二重、三重に払うことになってしまいます。これでは企業は困りますね。こ

6

国際課税

の問題を「国際的二重課税」といいます。

2 | みんなで話し合って調整！

　国際的二重課税が起らないように、国家間で課税をする権利（課税権）をどのように配分するかの話し合いが、私たちが生まれるよりもずっと前から行われてきました。どの国も税収が必要ですから、その調整方法を決めることはとても大変な仕事でした。基本的には、「企業の本社がある国（居住地国）で税金を分け合おう！」という考え方です。

　たとえば、日本に本社のある企業がアメリカにも進出していた場合、アメリカで活動した所得に対する法人税のみアメリカで納める、という配分方法が行われます。これで、法人税は二重に払うことはなくなります。このような配分方法は国と国の間の税金に関する条約（「租税条約」といいます）に定められています。

3 | 新しい問題——デジタル化と税金——

　各国で税金をどのように配分するかの話し合いは今も継続し

て行われています。その理由を紹介しましょう。

　法人税の説明をした際に紹介した製造業では、国際的に分業する場合、原材料を仕入れる国、工場がある国や、販売する国と、課税権を配分するための物理的な存在があることからイメージがしやすいですね。

　ところが、テクノロジーの進歩やSNSや動画配信サービスなどのデジタルな経済活動により、工場などの物理的な存在を持たずにたくさんの利益を上げるIT企業が台頭してきました。私たちにとっても身近なGoogle、Apple、Facebook、Amazonなどが挙げられます。たとえば、Facebookは物理的な存在を持っているでしょうか？　Appleのアプリストアや、Amazonのサイトはどこにあるのでしょうか？　売上がどの国にあるか分かっても物理的な存在がないと、法人税をかけるのも、その配分を行うのも大変です。これらの問題に関連して、国際的二重"非"課税が起きるようになってきました。法人税がどの国にも納められないと、各国の税収は失われてしまいます。

物理的な存在がある！　　　　　　物理的な存在はどこだろう…?

　この問題は、現在の課税権の配分方法がはるか昔に話し合われた古い仕組みであることに由来しています。前ページ「2　みんなで話し合って調整！」で、私たちが生まれるよりもずっ

と前から配分の話し合いが行われてきたことを紹介しました。当然ながら当時はSNSや動画配信サービスなどのデジタルな経済活動はありませんでした。グローバルな税金の世界は、他の税金も同様に、社会の変化に対応した制度が求められています。OECD（経済協力開発機構）を中心とした国際的な枠組みでプロジェクトが立ち上げられ、そのテーマの一つとして、「デジタル化した経済にかかる課税の問題」について配分方法の話し合いが行われています。しかし、国際的な合意と有効な課税権の配分ルールをつくることは、各国の利害が衝突する（たとえば、どの国にどれだけの税金を納めるかなど）ため、簡単ではありません。とりわけ、今日では、先進国だけではなく、経済成長の著しい新興国・途上国の発言力が高まり、話し合いに参加する国々が増えたことから、合意形成をするのにもひと苦労です。

　ここで取り上げたトピックスはグローバルな税金の世界のほんの一部に過ぎません。繰り返しになりますが、グローバル化とともにたくさんの税金の問題が生じています。今、問題となっていることが解決したとしても、また、新しいビジネスや経済の形態に対応することが必要となってくるでしょう。もっとも、これはグローバルな側面に限らず、税金全体にいえることかもしれません。

　もし、本書の読者の高校生の皆さんで、税金のグローバルな問題に関心をお持ちの方がいましたら、関係するニュースは新聞記事などでも（税金に関する記事の中では比較的）多く目にすることがある分野ですので、見つけた時には是非読んでみることをお勧めします。

　IFA（国際租税協会）という国際機関があります。IFAは税金の専門家を世界中から集め、様々な税金の問題について会議やセミナーを開催しています。IFAの第73回年次総会（2019年）のプログラムではTaxation of space（宇宙と課税）と題した専門家セミナーが開催されました。もしかしたら、そう遠くない将来に、高校生の皆さんが月に企業をつくって、ビジネスを行った場合にはどのような税金がかかるのでしょうか、などといった予想もつかない税金の問題が生じてくるのかもしれませんね。

6

国際課税

終 章

17 | これからの税金の話をしよう

 高校生

少ないお小遣いでやりくりしてる高校生でも払わなきゃいけない消費税を上げるなんて、おかしいよね。お金持ちだけに増税したらいいのに。

 レクチャー

1 | 消費税を上げるのはオカシイ？

　消費税は、昭和が終わる直前の1988年12月30日に消費税法が国会を通過してその導入が決まり、平成が始まった直後の翌年4月1日から課されるようになりました。その当時の消費税の税率は3％でしたが、1997年4月1日からは5％、2014年4月1日からは8％へとそれぞれ引き上げられました。そして、2019年10月1日からは10％へと引き上げられ、その税率は当初の3倍を超えるものになっています。

　もっとも、10％への引き上げの際には、お酒や外食を除く飲食料品や新聞には引き続き8％の税率を適用する軽減税率制度が開始されており、この仕組みは所得の低い人に配慮するためのものだと説明されています。しかし、軽減税率は、第4章12で既に学んだように、所得とは無関係に適用されるものですから、所得の高い人でも食料品を買う場合には8％の消費税しか負担せずにすみます。また、所得の低い人でも、たとえば、服を買うときや、電気料金やガス料金、携帯電話（スマホ）代

などを支払うときは、10%の消費税を負担しなければなりません。

　ところで、消費税導入直後の1989年の参議院通常選挙で与党が野党に敗北し、10%への増税が決定された直後の2012年の衆議院総選挙でも与党が野党に惨敗したことに表れているように、消費税の負担を増やす決定をした政権に対し、国民は厳しい審判を下してきました。2019年の増税直前のマスコミ各社の世論調査でも、反対が賛成をやや上回ったものが多く見られました。冒頭の「お金持ちだけに増税すべき」という意見は多くの国民の本音なのかもしれません。

　それにもかかわらず、増税の手段として消費税を上げることが選ばれたのはなぜなのでしょうか。

2 ｜ なぜ消費税を増税したのか

　なぜ増税しなければならないとされたのか、そして、その手段として消費税が選ばれたのはなぜか、という問いを考える際には、消費税法第1条第2項で「消費税の収入については、…年金、医療及び介護の社会保障給付並びに少子化に対処するための施策に要する経費に充てるものとする」と規定されていることから出発するのがよいでしょう。

　人間はある一定以上に年齢を重ねると、医療や介護にそれまでよりはるかに多くのお金を必要とするようになりますが、日本では高齢化が急速に進行しているため、社会保障を維持するために国が支出しなければいけない金額が、特に医療や介護において、経済成長を大きく上回るペースで伸びると予測されています。その一方で、現役世代でも、共働き世帯の増加などで

子育てなどの負担が大きくなってきており、高齢期に達する前の世代にも社会保障を充実させる必要性が生じてきています。消費税は、そのような社会保障の維持・充実のための財源として位置付けられた上で、増税の対象とされたのです。また、他の税金でなく、消費税を社会保障の財源とすべき理由としては、①特定の世代に負担が偏ることのない、国民全体で負担する税金であること、②税収が景気の動向に左右されにくい税金であること、③経済活動に対する影響が小さい税金であること、といった特徴が指摘されています。

　これら三つの特徴のうち、①は、私たちが消費という経済活動を特定の世代に属している時にだけ重点的に行うわけでなく、一生涯を通じてある程度分散的に行う傾向にあることから導かれるもので、理解自体は比較的容易でしょう。

　②については、1989年度から2019年度までの予算で計上された所得税・法人税・消費税それぞれの税収と国税収入全体との推移を示した次のグラフを確認してみましょう。所得税・法人税では税収のばらつきが大きいのに対し、消費税では税収のばらつきが小さいことが分かります。

　他方、③は抽象的でやや難解です。ごく大雑把にいえば、所得課税や資産課税とは異なり、消費課税では貯蓄や投資をしてもすぐに税負担が生じるわけではないので、その負担を増やしても貯蓄や投資の減少とそれに伴う企業の生産活動の縮小といった現象が生じない、ということなのですが、詳しくは本章コラム16を参照してください。

　もっとも、このような消費税の増税の理由付けは反論の余地のないものでは決してありません。冒頭の高校生は、①について、現役世代の方が高齢期の世代よりも所得水準が高いのだか

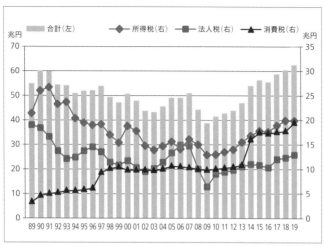

兆円

凡例: 合計（左）　所得税（右）　法人税（右）　消費税（右）

※各年度の「一般会計予算」に基づき作成。

終章

ら、より多く負担するのは当然といった反論をするかもしれません。また、②に対しても、景気が悪い時には経済の活性化につながるよう、所得税のように税収が目減りする税金の方がむしろ好ましい、といった反論を提起できるでしょうし、③についても、経済活動への悪影響は所得課税を用いて、より公平な税負担を達成することを放棄させるほどのものではない、というような反論が考えられるところです。もちろん、これら以外にも様々な反論があり得ますし、当然のことながら、再反論も可能です。冒頭の意見に賛同する、反対するにかかわらず、皆さんも議論をしてみてください。

3 | これからの税金のあり方

　社会保障の維持・拡充を目的として、消費税の税率を10%へと引き上げることは、私たちの代表が2012年の時点で国会において決めていたもので、7年をかけて実施されることとなりました。しかし、10%への引き上げ後の消費税の収入だけで、今後とも社会保障の維持・拡充を十分に賄い続けられるという保障はどこにもなく、不足することが明らかとなった場合にはどうするのかは現時点では何も決められていません。2012年の時と同様に、消費税の税率をさらに引き上げたり、所得税や法人税、相続税・贈与税などの他の税金を増税したりすることで新たに財源を確保することになるのでしょうか。それとも、新たな財源の確保に加えて、あるいは、それに代えて、給付の一部カットや拡充の取りやめなどを通じて国が社会保障に支出する金額の伸びを抑制したり、将来の経済成長による税収増に期待して国債を追加的に発行して借金で賄ったりすることになるのでしょうか。

　第1章1で学んだように、文明の対価である税金を用いて、どのような公共サービスを、どのように賄うのかは、民主主義国家である日本においては、私たちが代表を通じて決定すべきことがらです。将来に禍根を残す決定をしてしまわないよう、これまでの章で学んできた今の税金の特徴や問題点を頭に入れておくだけでなく、社会保障と税金を巡るこれまでの経緯や決定についても学び、議論を積み重ねて備えておくことこそが、私たちに求められているといえるでしょう。

　経済活動への悪影響は、所得課税を増税したり、資産課税を増税したりする場合よりも、消費課税を増税する場合の方が小さいとされています。なぜかというと、所得課税や資産課税には貯蓄や投資を減少させる効果があるが、消費課税にはそのような効果はないとされているからです。このような評価の背後には、個人や企業の行動についての一定の仮定が存在します。具体的には、個人や企業がそもそも貯蓄や投資を行うのか、行うとすればどれだけの量で行うのかということは、貯蓄や投資から得られる、税引後利益額のみで決まり、その利益の額がなんらかの事情で減少する場合には貯蓄や投資をそれに対応して減らす、という仮定です。

　たとえば、給与から生活費や子どもの教育や老後などに備える貯蓄、税金などを差し引くと1年間で20万円が残るAさんについて考えてみましょう。Aさんはその年のうちに20万円全部を旅行や外食などの消費に充てるのか、20万円全部を株式などに投資し、翌年以降に値上がりや配当の支払いなどで増えたお金を消費に充てるのか、あるいはそれらの中間とするのかという選択に直面しています。また、Aさんは、10万円を5年の間投資すれば11万円に増える見込みであるという時には、20万円のうち10万円をその年の消費に、残りの10万円を投資にそれぞれ振り分けた場合に最大の満足を得ると仮定します。

　このような場合において、2020年から所得税が増税されることが決まったため、5年の間投資しても10万7000円にしか増えない見込みになってしまったとすると、Aさんは投資に振り分ける部分を減少させることになるでしょう。なぜなら、Aさんは5年後の11万円の消費とその年の10万円の消費とを等価値と考える人であるので、投資を減らし、その分をその年の消費に振り分けることで、満足を増やすという行動に出ると考えられるからです。そして、Aさんは、このような調整を5年後の消費とその年の消費の価値が等しくなるまで続けることになります。他方、同様に2020年から消費税が増税されることが決まった場合だと、現在の消費の額と将来の消費の額が同じ比率で減ることになるため、両者の間での相対的な価値は変わりません。そのため、Aさんは投資を減らすことなく維持すると考えられるのです。

終章

もっとも、私たちはAさんのような合理的な判断を常に行っているわけではありませんから、実際には、獲得が見込まれる利益が増税で大きく減少しても日本社会全体での貯蓄や投資の量はあまり減らないという可能性は否定できません。また、所得税の増税を行いつつ、同時に、一定の条件を満たす貯蓄や投資から生じる利益を所得税の対象外としたり、税率を引き下げたりする仕組みを新たに設けたり、拡充したりすることで、貯蓄や投資に大きな影響が出るのを避けるといった工夫をすることもできるでしょう。私たちは、一般論として、消費課税の方が経済活動への影響が小さくなりやすい、ということを念頭に入れつつ、専門家による詳細な分析やほかの選択肢との比較検討も踏まえた上で、消費税の増税が経済活動に実際に及ぼす影響を適切に評価しなければならないのです。

税金の勉強は続くよ、どこまでも

　7章17編にわたる税金の勉強、お疲れ様でした。最初から最後まで読んでくださった皆さんに対し、著者一同、心より感謝申し上げます。あなたが歩まれた道中は長く険しい山道であったでしょうか？　それとも短く簡単な散歩道だったのでしょうか？

　道中がどのようなものであったにしろ、新たな一歩を踏み出し、ひいては、さらなる高みに達することを目指すならば、学習を通じて獲得した知識や知見を、それらをよく知らない他人に対し、自分の言葉で表現したり、説明したりすることがとても重要です。そこで、この本の付録には、税金を素材としたディベート用の課題を解説と共に掲載しています。税金や税法を素材としてどのような議論がなされ得るのかは、終章の2でも簡単に触れましたが、付録の「ディベート用課題」の解説では、もう少し詳しく、かつ、この本の各章の記述にも触れつつ記述していますので、議論を大いに盛り上げるための一助としてくだされればと思います。さらに、このディベート用課題にとどまらず、本書で取り上げた税金や税法の議論を皆さんで試みてみるのもよいでしょう。

　また、税金について、もっと知りたいな、もっと考えてみたいな、と思われている方も一定数いらっしゃると想像しますが、そのような方々を想定して、税金に関する主要な英単語を元ネタとしたコラムも収録しています。この後に紹介する資料へのアクセスの方法を活用して調べてみたりすれば、皆さんの興味

関心がさらに掻き立てられることになること、間違いありません。

　一昔前では外国の図書館などにわざわざ出かけないと手に入らなかった貴重な資料も、昨今では、インターネットを通じて簡単に手に入れられるようになっています。しかし、インターネット上の資料はまさに玉石混交であるので、検索する際に適切なキーワードを指定しなかったり、玉と石とを的確に区別する技能を習熟していなかったりすると、不正確な内容の文献ばかりを集めてしまうことにもなりかねません。そこで、インターネットを通じてアクセスすることができ、かつ、私たち著者も引用したり、参照したりする「役立つホームページ」も付録として収録しています。さらに、その直後には、「税金や税法に関する図書一覧」も掲げました。

　図書の一覧では、税金や税法についての比較的気軽な読み物を掲げるだけでなく、大学生が税法について学ぶ際に参照するテキストなども、入門書だけにとどめず、本格的な学習の際には必ず触れることになるはずの基本書も掲げています。税法についての本格的なテキストはもちろん、大学生向けの入門書であっても、その分量や難解な内容に最初は面食らってしまうかもしれません。しかし、高校生と大学生との間には学問に臨む者という点で見る場合には明確な線はありませんし、さらなる高みから見える景色はまさに抜群です。この本で税金や税法について学び始めた皆さんに、同じ税金や税法をStudyする者としてお会いできる日をとても楽しみにしています！

2020年4月
小塚真啓

ディベート用課題

論題：政府は一定額以上の相続贈与につき、その税を100%に すべきである。

賛成側

> **ポイント**
> 1. 機会の平等
> 2. 潜在能力の発揮
> 3. 消費拡大による経済への好影響

反対側

> **ポイント**
> 1. 財産権の保護
> 2. 中間層の没落
> 3. 家族経営事業の危機

【解説】

　まず、相続贈与税がなんのために課されるかをもう一度確認してみましょう。この本では、相続税を課税する根拠として、①財産を得て担税力（租税を担う力）がある、②富の再分配が必要である、といったものが挙げられています（第3章8「死と相続」58〜59ページ）。一方で、①家族の協力の下で築かれた財産であること、②遺族の生活資金であることから、あまり重く課税すると遺族が大変な場合があることが説明されていました。

　相続贈与税を100％にするということは、個人が相続贈与をしようとしても、一定額以上ならその財産は全て国庫に入ることになる、ということです。生きている間にたくさんお金を稼いだ人は、自分の家族のためにそれを遺したいと考えることが多いでしょう。そのため、この論題の肯定側は、故人の意思を尊重せず、個人の財産の処分権を制限することになってもなお、相続税を100％にする正当な理由があることを説明する必要があります。

　一方で否定側は、現行の相続税法においても、一部のお金持ちについては相続税がとられており、結果として自分で使い道が選べない部分がわずかながらあることを前提にする必要があります（本文58ページで触れられていたように、現在相続税が支払われているのは発生した相続の8％です）。その上で、そういった税として取られる部分を増やすべきではない、大部分については自分で使い道を決められるようにするべきだ、という議論をすることになるでしょう。

　現在の日本では、貧富の差が拡大しているといわれます。それに伴って、どういった家庭に生まれるかで、教育をはじめとしたさまざまな機会に大きな差が生まれる可能性があります。相続贈与税を100％にして得られた財源で、貧困層に対する手当てを行い、社会の中での機会の平等を少しでも確保する、という議論

も考えられます。

　このような政策が、日本社会にどのような影響を与えるかはいろいろな可能性があり得ます。肯定側は、経済格差が改善することによって今までチャンスに恵まれなかった才能ある人がその実力を発揮できるようになり、それが社会全体をよりよい状態にしていくことにつながる、という議論もできるのではないでしょうか。例えば、すごく優秀なのに経済的な事情で大学に行かれない人に、勉強が続けられるよう援助をしてあげられれば、その人だけでなく社会全体にとっていいことだ、ということです。一方、日本には多くの家族経営の事業があり、この政策によって家族経営の事業が継続していくことが難しくなる可能性があります。お金のある経営者一族は、高い相続贈与税を避けて、お金を持って日本を出て行ってしまい、日本からお金持ちがいなくなってしまうかもしれません。また、ものすごいお金持ちは海外に逃げたり、高いお金を払って税を逃れる仕組みを利用したりできる一方、そこまでのお金持ちではない中間層は、ただ国にお金を取られるだけになってしまう可能性があります。

　日本経済に対する影響という観点では、肯定側は、「財産を家族に遺せず、国に取られてしまうくらいなら」といってお金持ちが死ぬ前にたくさんお金を使うようになるので、消費が拡大して経済によい影響がある、といえるかもしれません。この点について否定側は、家族に遺せないなら頑張ってお金を稼ぐモチベーションがなくなってしまうので、結果的に経済に悪影響だ、ということができるでしょう。

論題：税を支払う外国人にも日本の政治に対する参政権が認められるべきである。

賛成側

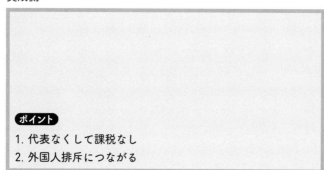

ポイント
1. 代表なくして課税なし
2. 外国人排斥につながる

反対側

ポイント
1. 利益相反
2. 不信

【解説】

　投票や、政治家として立候補することを通して政治に参加する権利のことを「参政権」といいます。さらに、参政権には、国の政治に参加する国政への参政権と、地方の政治に参加するための地方参政権の二つがあります。日本の裁判所は、外国人が政治に参加できるかどうかについて、この二つで違う立場をとっています。

　外国人参政権とは、その国の国籍を有しない外国人に付与される参政権を指します。現在、日本では日本国憲法第15条に「国民固有の権利」と明記されていることから、外国人参政権は認められていません。現在の日本の最高裁は、外国人参政権は、国家に先立って存在する権利ではなく、憲法上保障されないという見解をとっています。

　一方で、地方参政権については、憲法にある地方自治の保障は、地方自治が民主主義社会において重要であるということを前提にして、最高裁は要約すると以下のように述べています。「住民の日常生活に密接な関連を有する公共的なことがらは、その地域の住民の意思に基づいて、その区域の地方公共団体が処理する政治形態を憲法上の制度として保障しようとするものです。それゆえ、日本に在住する外国人のうちでも、永住者など、『その居住する区域の地方公共団体と特段に緊密な関係』を持つ人に、地方参政権を与えることは憲法上禁止されていない」、というのです。これによれば、各自治体がそれぞれの条例で一定の外国籍の人に地方参政権を与えることができる、ということになりそうです。

　日本国憲法は、その30条で、日本国民に納税の義務があることを定めていますが、実際にはほとんどの税は「居住者」に対して課されることになっており、（国外に住む人の関わる相続贈与税など一部の場合を除き）課税の文脈で国籍が問題となることはほとん

どありません。グローバル化の進展に伴い、以前には当然に一致すると考えられてきた「国民」「納税者」「居住者」がそれぞれに食い違う事態が生じてきています。民主主義の前提となる「誰が主権を持つべき共同体のメンバーか」という問題と、「誰が共同体に対して財源を提供しているか」という問題をどのように考えるかが、この論題の重要なカギになります。

　肯定側は、共同体の意思決定に関わるべきメンバーは、国籍を有していることではなく、そこに居住し、その結果として財源を提供していることによって決定されるべきだという議論をすることになります。否定側は、国籍こそが共同体のメンバーとして尊重されるべき要件だということを議論し、国籍を有することの意味を掘り下げることになるのではないでしょうか。

　参政権がないということは、日本に住む外国人は、そこに居住し税を課されているにもかかわらず、自分たちの利益を政策に反映させる手立てがないことになります。肯定側は、誰かが自分たちの利益についてもきちんと考慮してくれることを願うしかない、極めて不安定な立場に置かれることは誰であっても望ましくない、という議論をすることができるでしょう。また、外国人を共同体のメンバーとして受け入れず、日本人と同様の権利を与えないことが、外国人の排斥につながるかもしれません。否定側は、日本と利益が対立するような国の人が日本にとって不利益になるような意思決定をしてしまう可能性があるといった議論が考えられます。また、本人は心から日本のためを思っているとしても、外国人が政治家になった場合、状況によっては市民からの信頼が得られず、機能不全を起こしてしまう可能性もあります。

論題：政府は健康に悪い食品について、消費税を重く課税すべき
**　　　である。**

賛成側

ポイント
1. 政府は国民の健康を守るべきである
2. 国民の健康増進
3. 政府の支出減

反対側

ポイント
1. 個人の選択の自由の尊重
2. 選定の恣意性

【解説】

　たばこやお酒にはふつうの消費税に加えて、特別な税（たばこ税、酒税）が課せられています。もともと、たばこは国によって専売されていましたが、それをやめる時に、国税としてたばこ税が導入されました。お酒にかかる税の歴史は古く、中世から何らかの形で課税が行われていたといわれています。これらの税金は、一体なんのために課せられているのでしょうか。

　昔は今のように国が多くの人から所得税や法人税を徴収しておらず、嗜好品に税金をかけることで国の税収の大きな部分を賄っていました。しかし、所得に対する課税が普及し、一般消費税が導入された今でも、たばこやお酒にはさらに課税がされていることになります。自分の好物を買って楽しむという点では同じなのに、ケーキやお菓子を買う人よりも、たばこやお酒を買う人はたくさんの税金を払わなくてはいけません。一方で、お酒やたばこは依存性があり身体に悪い、というのは多くの人が知るところです。

　このように「健康に悪いもの」について、政府は国民がそれを摂取しすぎないように、税金を多めに課して人の行動を誘導してあげるべきでしょうか。それとも、人には健康に悪いことが分かった上で、それでも好きなものを好きなように買ったり食べたりする権利があるので（このように愚かなことをする自由のことを「愚行権」と呼びます）、政府にそういった「余計なお世話」をしてもらう必要はない、と考えるでしょうか。前者の考えに基づき、実際に、「ソーダ税」「ポテトチップス税」といった税を設けている国もあります。日本のように、国が皆のために国民健康保険を提供している場合には、国民の健康は政府の支出にも関わってきます。国民が医療費のたくさんかかる病気にならないように促すことで、政府にとっても支出が少なくなる可能性があります。しかし、ど

んな食生活をしていてもそれが病気になるかならないかに直結しているわけでもありませんし、誰がいつどんな病気にかかるかは誰にもわかりません。

この論題では、肯定側は、国家が個人の嗜好に対してある意味で「口を出すべきだ」という議論をすることになります。それは、国家にどういった役割を期待するべきか、という問題でもあります。国が国民に対し、親が子どもにするように、その人のことを思ってその人の選択に干渉する（こういった保護主義的な立場をパターナリズムと呼びます）ことが望ましいかどうか、と言い換えられるかもしれません。人間は基本的に意志が弱く、皆が思うほど合理的な行動ができない、というのは、「食べるのを我慢すれば痩せられる」と分かっていてもおやつを食べてしまう経験のある人なら実感しているところだと思います。そういう意志の弱い人間に対して、政府が合理的な行動をするための手助けをしてあげるのだ、というふうに捉えることもできるでしょう。

否定側は、たとえ好物の食べ過ぎで健康を害そうがなんだろうが、人は好きなものを、他の人の好きなものと同じように（何が好きかで差別されずに）買ったり食べたりする自由がある、という議論をすることになるでしょう。このように、この論題は身近な問題に見えて、国家と個人の望ましい在り方とは何か、ということにも関わってきます。

また、この論題は、主眼をたばこのように「明確に身体に悪いと分かっているもの」にするか、ポテトチップスなどの「多少は問題ないもの、脂質や炭水化物、糖など適量ならばむしろ必要なもの」にするかによっても、かなり議論が変わってくるはずです。かみ合った議論をするためには、最初に議論を提示する側が、どういうものを想定するかをきちんと決めるとよいでしょう。

＊ディベートに興味を持ったら

　税のことについてだけじゃなく、ディベートをやってみたい！と思った人のために、高校生向けにディベートをやっている団体を紹介します。一つは全国教室ディベート連盟（NADE）で、事前に準備した証拠資料を使って行う日本語ディベートの全国大会、ディベート甲子園を主催しています。資料調査力や論理的思考力が鍛えられます。もう一つは日本高校生パーラメンタリーディベート連盟（HPDU）で、25分ほどの準備時間を使って即興で行う英語ディベートの大会を運営しています。思考の瞬発力や即興で説得力のあるスピーチをする能力が鍛えられます。さらに、Mixideaというディベート用オンラインプラットフォームを使えば、家からでも皆でディベートの練習をすることができます。

［漆さき］

役立つホームページ

　デジタルネイティブである高校生の皆さんは、何か疑問がある時は、インターネットで検索することは当たり前のことかと思います。とりあえず検索してみるのもいいですが、以下では特に高校生が税金をもっと深く知る上で、有用なサイトを紹介します。

■ **租税法の条文を調べる**
・e-Gov（イーガブ）法令検索
　https://elaws.e-gov.go.jp/search/elawsSearch/elaws_search/lsg0100/

■ **税金全般・国税について知る**
・財務省ウェブサイト　https://www.mof.go.jp/
　財務省ウェブサイト　「税制」のページ　https://www.mof.go.jp/tax_policy/
　財務省ウェブサイト　「身近な税」のページ
　https://www.mof.go.jp/tax_information/index.html
・国税庁ウェブサイト　https://www.nta.go.jp/
　国税庁ウェブサイト　「税の学習コーナー」のページ
　https://www.nta.go.jp/taxes/kids/index.htm
　国税庁ウェブサイト　税務大学校講本
　https://www.nta.go.jp/about/organization/ntc/kohon/index.htm
・日本税理士連合会ウェブサイト　「租税教育」のページ
　https://www.nichizeiren.or.jp/taxaccount/education/

■ **地方税について知る**
・東京都主税局ウェブサイト　「君も税博士」のページ
　https://www.tax.metro.tokyo.lg.jp/school/index.html
・大阪市財政局ウェブサイト　「わくわく市税教室」のページ
　https://www.city.osaka.lg.jp/contents/wdu070/wakuwaku/top.html

■ **自分で本・論文を探して調べてみる**
・国立国会図書館ウェブサイト　https://www.ndl.go.jp/
・CiNiiウェブサイト　https://ci.nii.ac.jp/

■ **ディベート関連**
・全国教室ディベート連盟（NADE）　http://nade.jp/
・日本高校生パーラメンタリーディベート連盟（HPDU）　https://www.hpdu.jp/
・Mixidea（Online Debate Platform）　https://mixidea.org/

※2020年3月現在

［田中晶国］

税金や税法に関する図書一覧

■ **もう少し税金に関して読んでみたくなったら（高校生にもやさしい類書）**

・三木義一監修『13歳からの税』（かもがわ出版、2020年）

・山岡道男・淺野忠克『アメリカの高校生が読んでいる　税金の教科書』（アスペクト、2010年）

・三木義一編著『よくわかる税法入門〔第14版〕』（有斐閣、2020年）

・木山泰嗣『教養としての「税法」入門』（日本実業出版社、2017年）

■ **税金についてもっと知りたくなったら（大学生向け入門書）**

・佐藤英明『プレップ租税法〔第3版〕』（弘文堂、2015年）

・金子宏ほか『税法入門〔第7版〕』（有斐閣、2016年）

・谷口勢津夫ほか『基礎から学べる租税法〔第2版〕』（弘文堂、2019年）

■ **税法を本格的に勉強するなら（基本書）**

・金子宏『租税法〔第23版〕』（弘文堂、2019年）

・増井良啓『租税法入門〔第2版〕』（有斐閣、2018年）

・中里実ほか『租税法概説〔第3版〕』（有斐閣、2018年）

・岡村忠生・酒井貴子・田中晶国『租税法〔第2版〕』（有斐閣、2020年）

・谷口勢津夫『税法基本講義〔第6版〕』（弘文堂、2018年）

〔橋本彩〕

主要索引

執筆者一覧

漆さき
大阪経済大学経済学部准教授
担当：3章10、5章13

倉見智亮
西南学院大学法学部教授
担当：2章4、5章14

小塚真啓
岡山大学法学部・大学院社会文化科学研究科教授
担当：1章1、1章2、2章7、4章11、終章17

住永佳奈
京都大学大学院法学研究科附属法政策共同研究センター特定研究員
担当：3章8、4章12

田中晶国
九州大学大学院法学研究院准教授
担当：2章5、2章6

橋本　彩
信州大学経法学部准教授
担当：はじめに、1章3、3章9

堀　治彦
九州情報大学経営情報学部助教
担当：6章15、6章16

編集協力：（株）翔文社　　本文組版：エディット

編著者

小塚真啓（こづかまさひろ）
岡山大学法学部・大学院社会文化科学研究科教授

略歴
京都大学法学研究科博士後期課程修了・博士（法学）
金沢大学法学系准教授を経て、2021年10月より現職。アメリカ合衆国ヴァージニア大学ロースクール客員研究員（2018年〜2020年）
大学入試センター教科科目第一委員会委員（2011年〜2013年）

主な著作
『税法上の配当概念の展開と課題』（成文堂、2016年）
「組織再編税制の濫用規制のゆくえ―濫用防止ルールの是非を中心に―」税法学578号（2017年）
「家族の所得と租税」金子宏（監修）『現代租税法講座 第2巻 家族・社会』（日本評論社、2017年）

高校生のための税金入門

2020年6月20日　第1刷発行
2022年3月1日　第2刷発行

編著者：小塚真啓
発行者：株式会社 三省堂　代表者　瀧本多加志
印刷者：三省堂印刷株式会社
発行所：株式会社 三省堂
〒101-8371
東京都千代田区神田三崎町二丁目22番14号
電話　編集　(03)3230-9411　営業　(03)3230-9412
https://www.sanseido.co.jp/

落丁本・乱丁本はお取り替えいたします。
©Masahiro KOZUKA
Printed in Japan
ISBN978-4-385-36087-4
〈高校生税金入門・144pp.〉